질문・생각・묵상・하나님

질문_생각_묵상_하나님

일상에서 조우하는 하나님에 관한 진리들

존 파이퍼 | 김보람 옮김

좋은씨앗

아침에 주의 인자하심이 우리를 만족하게 하사

우리를 일생 동안 즐겁고 기쁘게 하소서.

시 90:14

차례

이 책을 읽는 독자들에게 / 8

1부 질문 / 13

하나님의 사랑을 경험하려면 어떻게 해야 할까? • 다른 사람들의 생각이 중요한가? • 사방에서 교회를 향해 반대의 목소리를 높일 때 • 겸손이란 무엇인가? • 예수님이 원하시는 것은 무엇인가? • 변화를 일으키는 힘은 어디에서 오는가? • 유대인들은 약속된 땅에 대한 신성한 권리가 있는가? • 하나님의 영광을 위해 오렌지 주스를 마시는 법 • 사탄이 이 땅에 남겨진 이유 • 예수님이 전쟁을 예언하셨다면, 우리가 평화를 위해 기도해도 될까? • 예배에 대한 하나님의 요구는 헛된 것인가?

2부 생각 / 69

심장 같은 그리스도인들을 향한 부르심 • 죄에서 승리를 보장하는 소망의 약속 • 지옥을 두고 협상할 수 없는 이유 • 기독교 문화의 영향력을 자랑하라 • '이미'와 '아직' • 존 G. 패튼의 아버지 • "주여, 당신의 뜻대로 명령하시고, 그 명령대로 행하소서." • 역사를 공부하는 일에 담긴 가치 • 분노가 당신과 결혼 생활을 삼키기 전에 분노를 죽이라 • 욕된 것으로 심고 영광스러운 것으로 다시 살아나며 • 마지막은 감사를 위한 것, 시작은 믿음을 위한 것 • 순례자로 살아간 조나단 에드워즈 • 폭풍우는 하나님이 남기신 위대한 걸작

3부 묵상 / 133

하나님의 말씀에 찔리다 • 그리스도께서 고통을 당하고 죽으신 것은 • 율법은 우리가 죄를 깨닫도록 어떻게 돕는가? • 하나님께 의문을 제기하려면 • 눈은 몸의 등불이요 • 자녀를 위해 어떻게 피난처가 될 것인가? • 광야, 예배, 반역과 하나님 • 인내심을 갖고 기도하라 • 신자인 당신에게는 그분이 가장 귀하다 • 수치심이라는 고통을 받아들이라 • 예수님은 제자들의 믿음이 자라도록 어떻게 도우시는가? • 권리 포기와 권리 주장: 사랑의 두 종류 • 당신은 어떤 죽음으로 하나님께 영광을 돌릴 것인가?

4부 하나님 / 195

하나님은 지루한 분이 아니시다 • 하나님이 복음이다 • 하나님의 생각에 대한 생각 • 마귀, 바람, 까마귀, 사랑에 대한 하나님의 달콤한 명령 • 하나님께 분노하는 것은 옳지 않다 • 단지 그림자나 메아리가 되지 말라 • 하나님이 기적을 행하신다 • 역사상 가장 위대한 사건 • 놀라운 건축자의 이상한 방법 • 사람을 자랑하지 말라 • 하나님과 깊어지려면 그분께 우리 짐을 맡겨야 한다 • 흠 있는 성인들의 삶에 감사하며 • 지혜로운 길이라도 가장 유익한 길이 아닐 수 있다 • 우리의 약함 가운데 역사하시는 하나님

미주 / 269

이 책을 읽는 독자들에게

내가 여러 짧은 묵상들을 이 한 권의 책으로 엮은 것은, 책들의 문단(paragraph)들을 통해 내 삶이 변화되었기 때문이다. 하나의 주제를 다루는 책은 귀하다. 저자는 하나의 통찰을 여러 각도로 고찰한다. 하지만 그 통찰은 어디서 오는가? 대개 문단들에서 온다. 심지어 문장들에서 올 수도 있다. 완전히 설명할 수 없는 이유로, 하나님은 한 문단으로도 인생을 변화시키실 수 있다.

어느 날 저녁, 당신은 영적 굶주림을 느낄 수 있다. 특정한 어떤 것이 아니라, 그냥 영혼의 굶주림이다. 갈망이다. 텔레비전이 줄 수 없는 무언가가 필요하다. 하나님에 관한 어떤 것이나, 당신 인생의 의미에 관한 어떤 것이나, 영원에 관한 어떤 것이 간절하다. 피곤에 지친 당신은 책을 몇 장도 채 넘기기 전에 **쓰러져** 잠이 들지도 모른다. 그래서 신중하게 책을 고른다. **영원한** 것에 초점을 맞춘 책을 집어 든다. 하나님에 관한 책이다. 그리고 몇 분 후에 당신은 무언가를 보게 되고, 다시는 예전과 같지 않을 것이다.

당신이 방금 본 그 내용의 깊이를 재려면 평생이 걸릴 수도 있다. 그러나 보는 일은 한순간이다. 마치 하나님이 그 문단을 손가락으로 집어 그것으로 당신 영혼의 시력을 조정해 주시는 것 같다. 그러면 이제껏 보지 못했던 놀라운 무언가가 또렷이 보인다.

초점을 잡아 주시는 하나님의 손가락과 글을 쓰고 읽는 **인간의 행위 사이의 관계**에 대해 생각한다는 것이 놀랍지 않은가? 아마 당신은 그 문단을 예전에 읽었을지도 모른다. 어쩌면 며칠 전에 읽었을 수도 있다. 하지만 이번에는 하나님이 그 문단에 손가락을 대셔서 렌즈의 선명도를 한 단계 더 올리셨다. 이것은 **나는 작가로서 기도해야 하고, 당신은 독자로서 기도해야 하는 것**을 의미한다. 우리는 하나님께 초점을 조정해 달라고 기도해야 한다.

당신의 읽기와 나의 글쓰기는 하나님을 향한 기적을 추구하는 일종의 동역이라고 생각한다. 나는 쓰고, 당신은 읽지만, 하나님이 통찰을 주신다. 우리는 보는 것의 기적을 바란다. 하나님과 인생과 영원에 관한 삶을 변화시키는 일을 보기 원한다.

사도 바울은 한 서신서에서 "그것을 읽으면 내가 그리스도의 비밀을 깨달은 것을 너희가 알 수 있으리라"(엡 3:4)고 말한다. 하지만 과연 읽는 것으로 충분할까? 몇 문장 뒤에서 바울은 그들이 '능히 그리스도의 사랑을 알게 하시기를' 기도했다(엡 3:18-19). 우리가 읽는 것 이상의 무언가가 필요했다. 바울은 이를 '능히 알게 하심'이라고 표현했다. 그 전에 바울은 독자들의 '마음의 눈을 밝히사 알게 하시기를' 기도했다(엡 3:18-19). 다시 말하지만, 하나님이 주시는 무언가가 필요하다. 그런데 하나님은 그것을 기도 응답으로 주신다. 인간이 쓴 문단으로 하나님이 당신 영혼의 시력을 조정해 주신다는 말이 바로 이런 뜻이다. 약간의 변화가 일어났고, 우리는 보는 것에 강해졌다. 우리는 결코 예전과 같지 않다.

그래서 나는 썼고, 당신은 읽고 있으며, 하나님은 역사하실 준비가 되셨다. 내 말은 성경이 아니다. 하나님의 말씀은 무오하지만 내 말은 그렇지 않다. 그러나 나의 간절한 목표는, 하나님의 말씀인 성경에 충실하게 모든 글을 쓰는 것이다. 나는 글을 통해 하나님, 그분의 아들, 그분의 역사하심, 그분의 길을 가리켜 보이고 싶다. 하나님에 관한 책을 쓰는 것이 내 목표다. 하나님이 이 책의 문단들에 손가락을 대서서 당신 영혼의 시력을 세밀하게 조정해 주시기를 바란다. 그럴 때 하나님의 영광을 또렷이 보게 될 것이다.

하나님은 이런 방식으로 우리를 그분의 형상으로 빚으신다. "우리가 다…주의 영광을 보매 그와 같은 형상으로 변화하여 영광에서 영광에 이르니"(고후 3:18). 우리의 목표는, 당신이 하나님을 향한 문단에서 영광을 봄으로써 당신의 영혼이 만족함을 누리는 것이다.

이 책은 기존에 출간된 『오늘을 헛되이 보내지 말라』(Life as a Vapor), 『내 영혼을 강건하게 하는 주의 말씀』(Pierced by the Word), 『하나님을 들으라』(A Godward Heart)를 편집한 것이다. 이 문단들을 퍼뜨리는 일에 출판으로 동역한 모든 이들에게 감사를 전한다. 그리스도를 높이고 사람의 삶을 변화시키는 문단들이 되기를 기도한다.

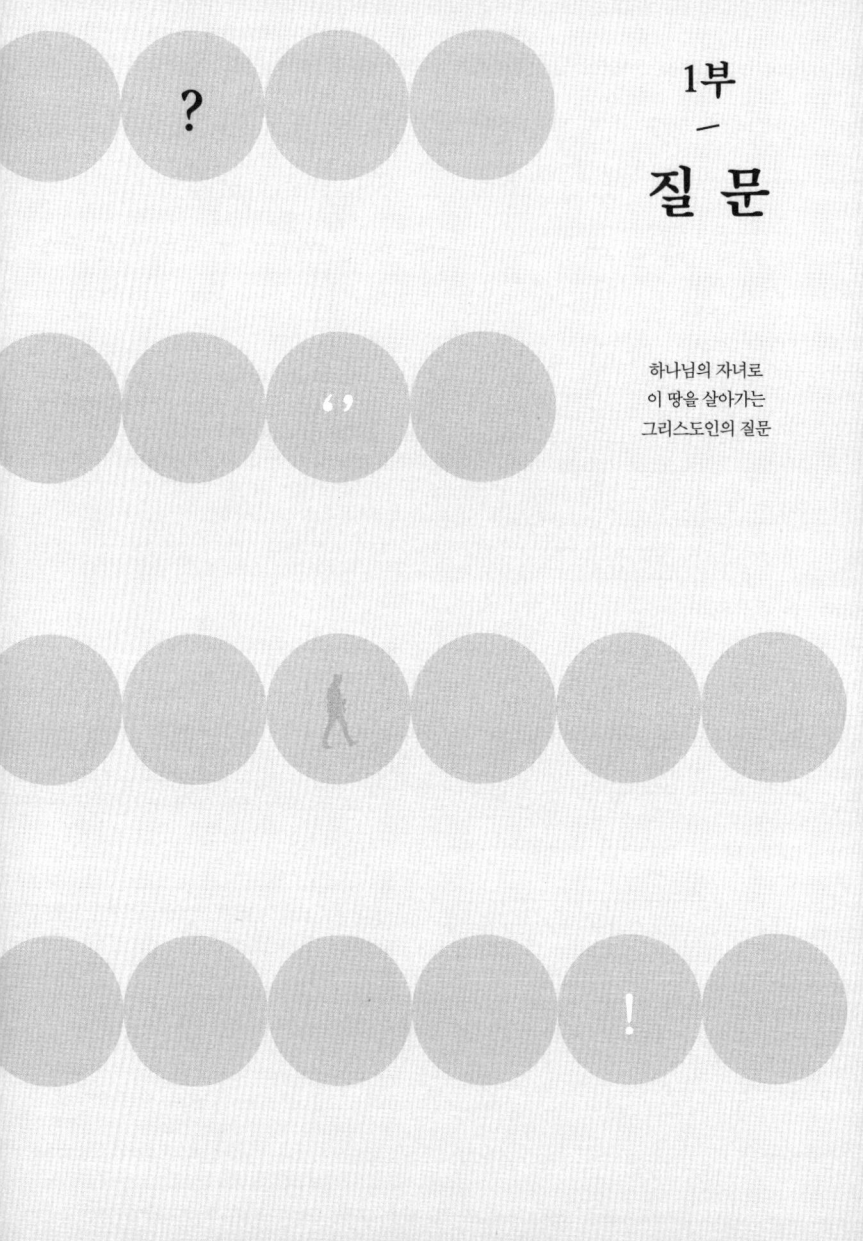

1부
질문

하나님의 자녀로
이 땅을 살아가는
그리스도인의 질문

하나님의 사랑을 경험하려면 어떻게 해야 할까?

• 바라보고 기도하고 버리고 누리라 •

우리가 하나님의 사랑을 경험하려면, 단지 그것에 대해 생각만 할 것이 아니라 온 마음을 다해 갈망해야 한다. 이것은 위대한 기쁨의 경험이다. 우리가 그 안에서 하나님의 실재와 그분의 사랑을 맛볼 수 있기 때문이다. 이것은 "소망이 우리를 부끄럽게 하지 아니함"에 대한 깊고도 놀라운 확신의 근거다(롬 5:5). 이 확신은 우리가 "하나님의 영광을 바라고 즐거워"하게 도와준다(롬 5:2). 또한 우리가 지독한 믿음의 시험을 통과하게 해준다.

모든 신자들이 하나님의 사랑을 동일하게 경험하는가? 아니, 그렇지 않다. 모든 신자들이 하나님의 사랑을 동일하게 경험한다면, 바울이 에베소 교인들을 위해 이렇게 기도하지 않았을 것이다. "[너희가] 능히 모든 성도와 함께 지식에 넘치는 그리스도의 사랑을 알고 그 너비와 길이와 높이와 깊이가 어떠함을 깨달아 하나님의 모든 충만하신 것으로 너희에게 충만하게 하시기를 구하노라"(엡 3:18-19). 바울이 이렇게 기도한 까닭은, 어떤 **사람에게** (아니 모든 사람에게!) 그리스도 안에서 하나님의 사랑에 **대한** 경험이 부족하기 때문이다. 그리고 우리도 이러한 면에서 부족하기는 마찬가지일 것이다.

하나님이 성령을 통해 우리 마음에 부어 주시는 사랑을 충만히 경험하려면 어떻게 해야 할까? 이러한 경험은 최면이나 전기 충격이나 약물로 인한 환각이나 멋진 곡을 들을 때 느끼는 전율과 다름을 깨달아야 한다. 오히려 이러한 경험은 지식을 통해 얻을 수 있다. 물론 지식 자체가 곧 경험이라는 말은 아니다. 그러나 경험은 지식을 통해 온다. 이를 달리 표현하면, 우리는 성령의 역사로 하나님의 사랑을 경험하는데, 예수 그리스도 안에서 보이신 그 사랑을 우리가 인식한 후에 그 반응으로 말할 수 없는 기쁨을 느끼는 것이다. 우리가 기쁨을 누리면, 그리스도께서 영광을 받으신다.

성경 어디에서 이 사실을 확인할 수 있을까? 베드로전서 1장을 보라. "예수를 너희가 보지 못하였으나 사랑하는도다 이제도 보지 못하나 믿고 말할 수 없는 영광스러운 즐거움으로 기뻐하니"(8절). 베드로는 말할 수 없는 위대한 기쁨의 경험에 대해 말한다. 말로 다 표현할 수 없는 기쁨이다. 이 기쁨은 그리스도를 눈으로 보는 것에 근거하지 않고, 그리스도를 믿는 것에 근거하고 있다. 그리스도는 말할 수 없는 기쁨의 중심이자 내용이다.

사실, 베드로는 그리스도의 사역에 대해 우리에게 이야기하면서 베드로전서 1장 6절에서 진리 안에 이 기쁨이 있다고 말한다. "이 안에서 너희가 기뻐하는도다"(In this you rejoice, NIV 직역). 여기서 이것(this)은 무엇일까? 바로 앞서 말한 진리를 가리킨다. 즉, 1) "그의 많으신 긍휼대로 [하나님이] 예수 그리스도를 죽은 자 가운데서 부활하게 하심으로 말미암아 우리를 거듭나게 하사 산 소망이 있게" 하셨기 때문에(3절), 2) 우리는 "썩지 않고 더럽지 않고 쇠하지 아니하는 유업"을 잇게 될 것이며(4절), 3) "믿음으로 말미암아 하나님의 능력으로 보호하심을" 받고 있다(5절). 이 진리 안에서 우리는 "말할 수 없는 영광스러운 즐거움으로 기뻐"한다(8절). 우리가 진리를 알면 그 안에서 기뻐할 수 있다! 말할 수 없는 기쁨의 경험은 중재된(mediated) 경험이다. 그 기쁨은 그리스도와 그분의 사역에 대한 지식에서 온다. 그리고 그 기쁨에는 내용이 있다.

갈라디아서 3장 5절을 살펴보자. "너희에게 성령을 주시고 너희 가운데서 능력을 행하시는 이의 일이 율법의 행위에서냐

혹은 듣고 믿음에서냐." 로마서 5장 5절을 통해 알 수 있듯, "우리에게 주신 성령으로 말미암아" 하나님의 사랑을 경험하게 된다. 그러나 갈라디아서 3장 5절은 성령을 받는 일에 내용이 없어서는 안 된다고 강조한다. 성령은 '듣고 믿음'을 통해 주어진다. 이 두 가지 요소에 주목하자. 들음과 믿음. 그리스도의 진리에 대해 듣는 것과 그 진리를 믿는 것을 통해 하나님은 우리에게 성령을 주신다. 성령은 지식과 믿음을 통해 온다. 그분의 사역은 중재하는 사역이다. 그것은 정신적 내용을 가진다. 우리는 머리를 비움으로써 성령을 추구하지 않도록 주의해야 한다.

이와 비슷하게 로마서 15장 13절은 소망의 하나님이 모든 기쁨과 평강을 "믿음 안에서" 우리에게 충만하게 하신다고 말한다. 그리고 믿음에는 내용이 있다. 사랑의 하나님을 경험하려면, 그리스도를 알고 믿어야 한다. 로마서 8장 39절이 말하듯, 하나님의 사랑은 "우리 주 그리스도 예수 안에" 있기 때문이다. 그 무엇도 우리 주 그리스도 예수 안에 있는 하나님의 사랑에서 우리를 끊을 수 없다.

다음 네 가지를 시도해 보라. 바라보고, 기도하고, 버리고, 누리라.

1. 예수님을 바라보라. 그리스도를 생각하라. 그리스도의 영광

과 사역에 대해 묵상하라. 그저 아무 생각 없이 하지 말고, 주의 깊게 묵상하라. 예수님의 죽으심과 부활을 통해 보장된 약속에 대해 생각하라.

2. 하나님께 기도하라. 예수님에 대한 진리 안에서 하나님의 놀라운 사랑을 발견하게 해달라고 기도하라.

3. 하나님이 당신에게 보이신 사랑과 반대되는 모든 태도와 행동을 버리라.

4. 성령님이 당신의 마음에 부으시는 하나님의 사랑을 마음껏 누리라.

다른 사람들의
생각이
중요한가?

• 예수님에 대한 생각이라면, 단연코 중요하다 •

다른 사람들의 생각이 중요한가? 누군가는 이렇게 말할 것이다. "다른 사람들이 나에 대해 어떻게 생각할지를 고민하느라 시간과 에너지를 낭비하기에는 우리 인생이 너무 짧지 않나요?" 혹은 이렇게 말하는 사람도 있을 것이다. "우리 인생이 아무리 짧다 해도 다른 사람들의 생각에 관심을 가져야 합니다. 아주 중요한 문제잖아요."

우리가 다른 사람들의 생각에서 기본적으로 자유로워야 한다면, 사람을 기쁘게 하는 사람이라는 비난에 빠지지 않기 위해서일까? 아니면, 다른 사람들이 우리에 대해 어떻게 생각할지를 늘 주의해야 한다면, 우리가 무신경하고 무례하다는 비난에 빠지지 않기 위해서일까? 이 질문에 대한 답은 간단하지 않다. 성경의 어떤 구절은 다른 사람들의 생각이 중요하다고 말하고, 또 다른 구절은 그렇지 않다고 말한다.

예를 들어, 예수님은 이렇게 경고하셨다. "모든 사람이 너희를 칭찬하면 화가 있도다"(눅 6:26). 예수님의 적대자들도 예수님이 다른 사람의 생각에 개의치 않는 것을 보고 이렇게 말했다. "선생님이여 우리가 아노니 당신은 참되시고 아무도 꺼리는 일이 없으시니 이는 사람을 외모로 보지 않고 오직 진리로써 하나님의 도를 가르치심이니이다"(막 12:14).

바울은 자신이 사람을 기쁘게 하려고 한다면 더 이상 그리스도를 섬기지 못할 것이라고 말한다. "내가 지금 사람들의 마음을 기쁘게 하려 하고 있습니까? 아니면 하나님의 마음을 기쁘게 해드리려 하고 있습니까? 아니면, 사람의 환심을 사려고 하고 있습니까? 내가 아직도 사람의 환심을 사려고 하고 있다면, 나는 그리스도의 종이 아닙니다"(갈 1:10, 새번역). "오직 하나님께 옳게 여기심을 입어 복음을 위탁받았으니 우리가 이와 같이 말함은 사람을 기쁘게 하려 함이 아니요 오직 우리 마음을 감찰하시는 하나님을 기쁘시게 하려 함이라"(살전 2:4). 그래서 그리스도인은 다른 사람들이 어떻게 생각할지에 대해 크게 신경 쓰지 말아야 한다.

다른 한편으로, 잠언 22장 1절은 이렇게 말한다. "많은 재물보다 명예를 택할 것이요 은이나 금보다 은총을 더욱 택할 것이라." 이 구절은 명예와 평판이 중요하다고 강조하지 않는가? 그리고 바울은 가난한 자들을 위해 모금한 돈을 관리하는 문제에서 신임을 잃지 않으려 애썼다. "이것을 조심함은 우리가 맡은 이 거액의 연보에 대하여 아무도 우리를 비방하지 못하게 하려 함이니 이는 우리가 주 앞에서뿐 아니라 사람 앞에서도 선한 일에 조심하려 함이라"(고후 8:20-21). 이것은 사람들의 생각을 중요하게 여긴 것이다.

바울은 로마 교회에 이렇게 가르쳤다. "믿음이 강한 우리는…자기를 기쁘게 하지 아니할 것이라 우리 각 사람이 이웃을 기쁘게 하되 선을 이루고 덕을 세우도록 할지니라"(롬 15:1-2). 그리고 감독의 자격 중 하나는 "책망할 것이 없어야 한다"고 가르쳤는데(딤전 3:2), 이는 믿지 않는 자들 사이에서도 마찬가지다. "또한 외인에게서도 선한 증거를 얻은 자야 할지니 비방과 마귀의 올무에 빠질까 염려하라"(딤전 3:7).

마찬가지로 베드로도 외인들이 어떻게 생각할지를 주의하라고 우리에게 경고한다. "여러분은 이방 사람 가운데서 행실을 바르게 하십시오. 그렇게 해야 그들은 여러분더러 악을 행하는 자라고 욕하다가도 여러분의 바른 행위를 보고 하나님께서 찾아오시는 날에 하나님께 영광을 돌릴 것입니다"(벧전 2:12, 새번역).

질문: 우리는 상반된 대답을 하는 것 같은 이 구절들을 어떻게 받아들여야 할까?

대답: 우리 인생의 목표가 "살든지 죽든지 내 몸에서 그리스도가 존귀하게 되게 하려"는 것(빌 1:20)임을 이해하라. 쉽게 말해, 우리는 다른 사람들이 "그리스도"를 어떻게 생각하는지만 신경 쓰면 된다. 그들의 구원 여부는 그리스도를 어떻게 생각하는지에 달려 있다. 우리는 그리스도의 진리와 아름다움을 삶으로 드러내야 한다. 그러므로 우리는 다른 사람들이 우리가 그리스도를 드러내고 있다고 생각하는지에 신경 써야 한다. 이것이 바로 사랑이 우리에게 요구하는 것이다.

그러나 우리 자신의 유익 때문에 다른 사람들의 생각에 매여서는 안 된다. 우리는 자신이 아니라 그리스도의 명예에 관심을 가져야 한다. 우리 자신의 가치나 탁월함, 미덕, 능력, 지혜 등은 중요하지 않다. 중요한 것은, 다른 사람들이 우리를 어떻게 생각하는지로 그리스도께서 높임을 받으시느냐는 것이다. 우리가 살아가는 방식으로 말미암아 그리스도께서 명성을 얻으시는가? 우리는 그리스도의 탁월함을 삶에서 드러내고 있는가? 우리 자신이 칭찬받느냐 하는 것은 중요하지 않다.

결정적인 특징을 다시 한번 주목하라. 우리가 그리스도의 진리와 아름다움을 신실하게 드러내는지를 판가름하는 리트머스 시험지는 다른 사람들의 평가가 아니다. 우리는 다른 사람들이 우리 안에서 그리스도를 보고 그분을 사랑하게 되기를 (물론 우리도 좋아하게 되기를) 바랄 뿐이다. "그는 흥하여야 하겠고 나는 쇠하여야 하리라"(요 3:30)는 세례 요한의 고백은 모든 그리스도인에게 해당된다. 우리는 그리스도보다 낮아지려는 노력을 멈추지 않아야 한다. 나는 다른 사람들 앞에서 그리스도보다 높아지지 않으려 늘 경계한다.

그러나 우리는 사람들이 영적 실재에 대해 어두우며 그리스도를 거부한다는 것을 잘 알고 있다. 그들은 예수님보다는 우리에 대해 더 많이 생각할 것이다. 설령 그들이 우리보다 예수님을 더 많이 생각한다 하더라도, 그것은 예수님을 좋게 생각해서가 아니다. 예수님은 이렇게 말씀하셨다. "집 주인을 바알세불이라 하였거든 하물며 그 집 사람들이랴"(마 10:25). 그들이 예수님을 악마라고 생각한다면 우리에 대해서는 더한 생각도 할 것이다. 예수님은 사람들이 그분을 존경하고 신뢰하기를 원하셨다. 그래야 그들이 구원받을 수 있기 때문이다. 하지만 예수님은 그들에게 호의를 얻으려고 자신의 정체성을 바꾸는 일은 하지 않으셨다. 우리 역시 예수님의 정체성, 그리고 예수님 안에 있는 우리의 정체성을 바꿀 수 없다.

물론 우리는 예수님이 우리에게 말할 수 없이 소중한 분임을 드러낼 때 다른 사람들이 호의를 가지고 보기 원한다. 그러나 다른 사람들의 의견으로 우리 자신의 신실함을 평가하는 실수를 해서는 안 된다. 그들은 눈이 어두우며 진리를 거부하고 있기 **때문**이다. 그러므로 우리가 비난을 받더라도 그것은 우리가 불성실하거나 사랑이 없다는 신호가 될 수 없다.

사방에서
교회를 향해
반대의 목소리를 높일 때

• 반대에도 불구하고 복음은 계속 전진해야 한다 •

기독교를 반대하는 목소리가 점점 커지는 곳에서도 복음이 퍼져 나가고, 수천 명이 회심하며, 교회가 성장하고, 사랑으로 연합하는 일이 가능할까? 그렇다. 그런 일이 가능하다. 실제로 그런 일이 일어났다. 적대감과 논란이 많은 때라고 해서 성장이 거의 없는 침체기는 아니다. 폭발적인 성장이 일어나고 위대한 영적 축복의 시기가 될 수도 있다.

이것을 어떻게 확신할 수 있는가? 누가가 사도행전에서 서술한 교회의 상황을 되짚어 보라. 바울은 인생의 마지막 즈음에 드디어 로마에 도착했다. 그는 복음을 전하기 위해 "유대인 지도자들"을 불러모았다. 유대인 지도자들이 기독교 "종파"에 대해 한 말이 아주 중요하다. "이 종파에 대하여 우리가 아는 것은, 어디서나 이 종파를 반대하는 소리가 높다는 것입니다"(행 28:22, 새번역).

이것은 제자들에게 그리 놀라운 상황이 아니었다. 예수님이 그들에게 이미 이렇게 말씀하셨기 때문이다. "너희가 내 이름 때문에 모든 민족에게 미움을 받으리라"(마 24:9). "모든 사람이 너희를 칭찬하면 화가 있도다"(눅 6:26). "집 주인을 바알세불이라 하였거든 하물며 그 집 사람들이랴"(마 10:25).

초대교회는 늘 공세에 시달렸다. 물론 평안의 때도 있었다(행 9:31). 하지만 그것은 어디까지나 예외적인 경우였다. 윤리적 문제와 교리 등에 대한 교회의 내적인 논쟁은 말할 것도 없고, 대부분의 시기 동안 비방과 오해, 고소와 박해 등을 견뎌야 했다. 사실상 바울의 모든 편지는 교회 안에서 일어나는 논쟁과 더불어 교회 밖에서 일어나는 박해를 다루고 있다. 여기서 요점은 교회 밖의 공격이 바람직하다는 것이 아니라, 그 공격이 적어도 위대한 능력과 성장을 방해하지 않아야 한다는 것이다. 사실 그 공격은 위대한 능력과 성장의 원인이자 이유일 수 있다.

나는 이것이 누가의 관점이라고 생각한다. 사도행전 전체에 걸쳐 "어디서나 이 종파를 반대하는 소리가 높다"고 서술하면서도 기독교가 끊임없이 성장하고 있다고 서술하기 때문이다. "주께서 구원받는 사람을 날마다 더하게 하시니라"(2:47). "제자가 더 많아졌는데"(6:1). "하나님의 말씀이 점점 왕성하여 예루살렘에 있는 제자의 수가 더 심히 많아지고"(6:7). "주의 손이 그들과 함께하시매 수많은 사람들이 믿고 주께 돌아오더라"(11:21). "하나님의 말씀은 흥왕하여 더하더라"(12:24). "여러 교회가 믿음이 더 굳건해지고 수가 날마다 늘어가니라"(16:5). "아시아에 사는 자는 유대인이나 헬라인이나 다 주의 말씀을 듣더라"(19:10). "주의 말씀이 힘이 있어 흥왕하여 세력을 얻으니라"(19:20).

그러므로 우리는 논쟁과 갈등 때문에 교회가 성령의 능력과 극적인 성장을 경험하지 못할 것이라고 생각하면 안 된다. 우리는 로마서 12장 18절에서 "할 수 있거든 너희로서는 모든 사람과 더불어 화목하라"는 가르침을 받았다. 그러나 평화를 위해 진리를 희생시키라는 가르침을 받지는 않았다. 바울은 이렇게 말한다. "그러나 우리나 혹은 하늘로부터 온 천사라도 우리가 너희에게 전한 복음 외에 다른 복음을 전하면 저주를 받을지어다"(갈 1:8).

그리고 복음을 전하는 사람이 감옥에 갇힐 정도로 심한 갈등과 반감이 존재한다면, 악평을 받는 그 순간이야말로 복음이 승리하는 때가 될 수 있다. 왜 그럴까? 바울이 이렇게 고백했기 때문이다. "복음으로 말미암아 내가 죄인과 같이 매이는 데까지 고난을 받았으나 하나님의 말씀은 매이지 아니하니라"(딤후 2:9). 우리가 비방과 적대감을 불러올 입장을 기꺼이 취할 정도로 하나님과 진리를 사랑할 때, 기독교가 대중적인 인기를 끄는 평안의 때보다 성령께서 더 강력하게 역사하실 것이다.

그리스도인들이 사회의 지지를 받을 때도 있고, "어디서나 이 종파를 반대하는 소리가 높"을 때도 있다. 어떤 상황에서든 하나님은 증인들이 효과적인 역할을 감당하도록 능력을 부어 주실 수 있다. 평안과 비방이 다 축복을 받을 기회가 될 수 있다. 그러므로 사회적으로 조롱당하는 시기에는 기독교가 약해지고 열매가 없을 것이라는 가정을 버리라. 오히려 신실함을 보이고 큰 수확을 거두는 기회가 될 수도 있다. "어디서나 이 종파를 반대하는 소리가 높"을 때도 교회는 "주의 말씀이 힘이 있어 흥왕하여 세력을 얻"었다.

겸손이란
무엇인가?

• 하나님은 겸손을 어떻게 정의하시는가 •

1908년, 영국 작가 G. K. 체스터튼(Chesterton)은 포스트모더니즘을 태아로 묘사했는데, 그 문화는 성장해 오늘날 청년기에 이르렀다. 이제 포스트모더니즘이라는 용어는 진부한 표현이 되었다. 언젠가 독자들은 이 용어를 역사책에서나 찾아야 할 것이다. "저속한 상대주의"의 특징은 (마이클 노박의 표현에 따르면)[1] '교만'이라는 단어가 확신을 가리키고, '겸손'이라는 단어가 의심을 가리키도록 강요한다는 것이다. 체스터튼은 이러한 일이 일어나리라고 내다보았다.

오늘날 우리가 어려움을 겪는 까닭은, 겸손이 엉뚱한 곳에 자리를 잡았기 때문이다. 겸양은 야망이라는 기관에서 옮겨 와 신념이라는 기관에 자리를 잡았는데, 이곳은 결코 겸양이 있어서는 안 될 곳이다. 사람은 자신에 대해 의심을 품도록 타고났지만, 진리에 대해서는 그렇지 않다. 그런데 이것이 완전히 뒤집어졌다. 오늘날 사람이 강력하게 주장하는 한 부분, 즉 자기 자신은 그가 주장해서는 안 될 부분이다. 그가 의심하는 부분, 즉 신의 이성은 그가 의심해서는 안 될 부분이다.…이 새로운 회의론자는 너무 겸손해서, 자신이 배울 수 있는지조차 의심스러워한다.…우리 시대 특유의 진정한 겸손이 있는 것도 사실이다. 하지만 그것은 금욕주의자의 무모한 굴종보다 더 해로운 겸손으로 나타날 때가 많다.…오래된 겸손은 인간으로 하여금 자신의 노력을 의심하게 만들어 결과적으로 더 열심히 일하게 만들었다. 그러나 새로운 겸손은 인간으로 하여금 자신의 목표를 의심하게 만들어 열심히 일하지 못하게 한다.…우리는 구구단을 믿기에는 정신적으로 너무 겸손한 사람을 만들어 내고 있다.[2]

예를 들어, (다른 모든 사람과 마찬가지로) 유대인도 구원을 받으려면 예수님을 믿어야 한다는 신념을 표현하는 그리스도인들에 대한 분노에서 우리는 이러한 현상을 확인할 수 있다. 이러한 신념에 대한 보편적인 반응은 그리스도인들이 교만하다는 것이다. 현대의 겸손은 상대주의에 확고히 뿌리내리고 있는데, 이 상대주의는 진리를 아는 일과 이름을 잘못 부르는 일에서 뒷걸음질을 친다. 하지만 그것은 겸손이 의미하는 바가 아니다.

상대주의에 대한 사람들의 요구에 부응하는 것을 겸손이라고 할 수 없다면, 도대체 겸손이란 무엇일까? 이 질문이 중요한 이유는 성경이 이렇게 말하기 때문이다. "하나님은 교만한 자를 대적하시되 겸손한 자들에게는 은혜를 주시느니라"(벧전 5:5). "무릇 자기를 높이는 자는 낮아지고 자기를 낮추는 자는 높아지리라"(눅 14:11). 그러므로 겸손이 정말 중요하다. 하나님은 겸손에 대해 적어도 다섯 가지를 말씀하신다.

1. 겸손은 그리스도 안에서 하나님께 예속되어 있음을 아는 데서 시작된다. "제자가 그 선생보다, 또는 종이 그 상전보다 높지 못하나니"(마 10:24). "그러므로 하나님의 능하신 손 아래에서 겸손하라 때가 되면 너희를 높이시리라"(벧전 5:6).
2. 겸손은 예수님보다 더 나은 대접을 받을 권리가 있다고 여기지 않는다. "집 주인을 바알세불이라 하였거든 하물며 그 집 사람들이랴"(마 10:25). 그러므로 겸손은 악을 악으로 갚지 않는다. 겸손은 인식한 권리에 기반한 삶이 아니다. "그리스도도 너희를 위하여 고난을 받으사 너희에게 본을 끼쳐 그 자취

를 따라오게 하려 하셨느니라…고난을 당하시되 위협하지 아니하시고 오직 공의로 심판하시는 이에게 부탁하시며"(벧전 2:21-23).

3. 겸손은 진리를 주장하지만 자아를 통제하거나 토론에서 이김으로써 보강하는 것이 아니라, 그리스도를 섬기고 상대방을 사랑하는 마음으로 한다. 사랑은 "진리와 함께 기뻐하고"(고전 13:6). "내[예수]가 너희에게 어두운 데서 이르는 것을 광명한 데서 말하며…두려워하지 말고"(마 10:27-28). "우리는 우리를 전파하는 것이 아니라 오직 그리스도 예수의 주 되신 것과 또 예수를 위하여 우리가 너희의 종 된 것을 전파함이라"(고후 4:5).

4. 겸손은 모든 지식과 믿음이 은혜에 달려 있음을 안다. "네게 있는 것 중에 받지 아니한 것이 무엇이냐 네가 받았은즉 어찌하여 받지 아니한 것같이 자랑하느냐"(고전 4:7). "그러므로 여러분은 온갖 더러운 것과 악을 버리고 마음에 심겨진 하나님의 말씀을 겸손히 받아들이십시오"(약 1:21, 현대인의성경).

5. 겸손은 실수할 수 있다는 것을 알고 비판에서 배울 줄 안다. 또한 하나님이 인간에게 확신을 주시고 다른 이들을 권면하도록 우리를 부르셨음을 안다. "우리가 지금은 거울로 보는 것같이 희미하나 그때에는 얼굴과 얼굴을 대하여 볼 것이요 지

금은 내가 부분적으로 아나 그때에는 주께서 나를 아신 것같이 내가 온전히 알리라"(고전 13:12). "미련한 자는 자기 행위를 바른 줄로 여기나 지혜로운 자는 권고를 듣느니라"(잠 12:15). "우리는 주의 두려우심을 알므로 사람들을 권면하거니와"(고후 5:11).

예수님이
원하시는 것은
무엇인가?

• 그리스도의 영광을 보고 맛보는 삶을 묵상하며 •

예수님은 무엇을 원하시는가? 우리는 예수님의 기도에서 그 대답을 찾을 수 있다. 예수님은 하나님께 무엇을 구하시는가? 그분의 가장 긴 기도가 요한복음 17장에 나온다. 그분이 갈망하는 것의 정점은 이것이다.

> 아버지여 내게 주신 자도 나 있는 곳에 나와 함께 있어(24절).

이 세상의 자격 없는 모든 죄인들 가운데서 하나님이 "예수님에게 주신 자"들이 있다. 하나님은 이 사람들을 아들에게로 이끌어 주셨다(요 6:44, 65). 이 사람들은 그리스도인들로, 예수님을 십자가에 못 박혀 죽으시고 부활하신 구원자요 주님이자 자기 인생의 보물로 받아들였다(요 1:12, 3:17, 6:35, 10:11, 17-18, 20:28). 예수님은 이 사람들이 자신과 함께 있기를 원한다고 말씀하신다.

하나님이 외로워서 사람을 창조하셨다고 말하는 이들이 있다. 그들은 이렇게 말한다. "하나님이 우리를 창조하신 것은 우리가 자기 곁에 있도록 하기 위해서다." 과연 예수님은 이 말에 동의하실까? 글쎄, 그분은 우리가 자기 곁에 있기를 정말로 원한다고 말씀하실 것이다! 맞다. 하지만 왜일까? 나머지 구절도 깊이 생각해 보자. 예수님은 왜 우리가 그분 곁에 있기를 원하실까?

> [아버지여 내게 주신 자도 나 있는 곳에 나와 함께 있어] 아버지께서 창세전부터 나를 사랑하시므로 내게 주신 나의 영광을 그들로 보게 하시기를 원하옵나이다(24절).

외로움에 대한 표현치고는 좀 이상하지 않은가? "그들이 나와 함께 있어 나의 영광을 보게 하시기를 원합니다." 사실 이것은 외로움에 대한 표현이 아니다. 그분의 외로움이 아니라, 우리의 갈망을 만족시키는 것에 대한 그분의 관심을 표현하는 것이다. 예수님은 외롭지 않으시다. 성자 예수님, 성부 하나님, 성령 하나님은 삼위일체의 관계 안에서 온전히 만족하신다. 무언가에 굶주린 쪽은 그분이 아니라 우리다. 그리고 예수님은 우리가 지음받은 본래의 목적을 경험하기 바라신다. 즉, 그분의 영광을 보고 맛보기를 바라신다.

오, 하나님은 우리 영혼이 그분의 영광에 빠져들게 하실 것이다! 예수님은 우리가 그분의 영광을 보도록 우리를 지으셨다(요 1:3). 십자가로 가시기 전, 예수님은 아버지에게 가장 깊은 갈망을 토로하신 것이다. "아버지여 내게 주신 자도 나 있는 곳에 나와 함께 있어…나의 영광을 그들로 보게 하시기를 원하옵나이다."

하지만 이것은 예수님이 원하신 바의 절반에 불과하다. 예수님이 하신 기도의 결론이자 정점에서 나머지 갈망이 드러난다. 앞서 말했듯, 우리는 예수님의 영광을 보고 맛보기 위해 지음받았다. 그분이 정말로 원하시는 것은, 우리가 그분의 영광을 볼 뿐만 아니라, 그것을 맛보고 즐기며 기뻐하고 귀히 여기며 사랑하는 것이다. 이제 17장의 마지막 절을 보자.

> 내가 아버지의 이름을 그들에게 알게 하였고 또 알게 하리니 이는 나를 사랑하신 사랑이 그들 안에 있고 나도 그들 안에 있게 하려

함이니이다(26절).

예수님의 기도는 이렇게 끝난다. 우리를 향한 예수님의 마지막 목표는 무엇인가? 우리가 예수님의 영광을 볼 뿐만 아니라, 아버지께서 아들을 사랑하신 그 사랑으로 예수님을 사랑하는 것이다. "이는 [아버지께서] 나를 사랑하신 사랑이 그들 안에 있고." 예수님의 갈망이자 목표는, 우리가 예수님의 영광을 보는 것과 아버지 하나님이 아들을 사랑하신 그 사랑으로 우리가 예수님을 사랑하는 것이다. 그분은 우리가 그저 아들을 향한 아버지의 사랑을 흉내 내는 것을 바라지 않으신다. 하나님 아버지의 그 사랑이 아들 예수님을 향한 우리의 사랑이 되기를 바라신다. 즉, 아들을 향한 아버지의 사랑으로 우리가 예수님을 사랑하기를 바라신다. 성령님이 우리 가운데 거하시며 우리에게 주기를 바라시는 것도 바로 이것이다. 성령을 통해 이뤄지는 아들을 향한 아버지의 사랑 말이다.

예수님이 가장 바라시는 것은 택하신 자들이 하나로 모이고(요 10:16, 11:52), 그들이 가장 갈망하는 것을 얻는 것이다. 즉, 예수님의 영광을 보고, 아버지가 아들을 맛보듯 우리 역시 그분을 맛보는 것이다.

이 책을 읽는 당신이 (그리고 다른 많은 사람들이) 그리스도를 충만히 보기를 간절히 바란다. 그리고 우리 자신의 부족한 인간적 능력을 뛰어넘는 사랑으로 우리가 바라본 대상을 사랑하기를 바란다.

예수님은 이것을 위해 기도하신다. "아버지, 그들에게 내 영광을 보여 주소서. 그리고 아버지께서 내 안에서 누리신 그 기쁨을 그들도 내 안에서 누리게 해주소서." 오, 우리가 그리스도를 하나님의 눈으로 보고, 하나님의 마음으로 그리스도를 맛보게 되기를! 이것이 바로 천국의 핵심이다. 또한 그리스도께서 우리를 대신하여 죽으심으로 죄인에게 주기를 바란 선물이다.

변화를 일으키는
힘은 어디에서
오는가?

• 우리의 상황을 알려면 상상력과 계시를 사용해야 한다 •

죽음을 눈앞에 두었다가 이제 막 살아남은 사람이라면, 모든 것이 새롭게 보이지 않겠는가! 망망대해에서 구명보트에 의지해 몇 주를 표류하다가 해군 함정을 만나 구출되었다고 상상해 보라. 또는 무너진 광산에 갇혀 있다가 극적으로 구출되었다고 상상해 보라. 악성 종양을 치료하느라 9개월을 힘들게 보냈는데 의사가 이렇게 말한다고 생각해 보라. "어떻게 설명해야 할지 모르겠지만, 암세포가 사라졌습니다." 안도하고 몹시 기뻐하는 동안 당신에게 인내와 친절, 용서의 힘이 넘쳐흐르지 않겠는가?

이제 이러한 상상에 한 가지 요소를 더 집어넣어 보자. (사실, 상상력보다는 성경적 계시가 더 필요한 문제다.) 당신은 구원받을 자격이 없다는 점이다. 당신과 나는 고난과 괴로움, 질병과 죽음, 지옥 외에는 그 무엇도 누릴 자격이 없음을 충분히 인식해야 한다. 이것을 충분히 인식하게 해달라고 하나님께 기도하라. 성경은 이렇게 말한다. 우리는 "다른 이들과 같이 본질상 진노의 자녀"다(엡 2:3). 우리는 "다 같은 죄인"이며, "아무도 변명하지 못하고…하나님 앞에 죄인으로 서" 있을 수밖에 없다(롬 3:9, 19, 현대인의성경). "죄의 삯은" 영원한 죽음이다(롬 6:23). 우리는 율법의 저주 아래 있다. "이 율법의 말씀을 실행하지 아니하는 자는 저주를 받을 것"이기 때문이다(신 27:26). 우리 육신의 생각은 "하나님과 원수가" 된다(롬 8:7). 우리는 "약속의 언약들에 대하여는 외인이요 세상에서 소망이 없고 하나님도 없는 자"다(엡 2:12). 우리는 "바깥 어두운 데" 던져져 "슬피 울며 이를 갈" 수밖에 없는 운명이다(마 8:12, 25:30). 이대로 상황이 흘러간다면 우리는 결국 불구덩이에 빠지고, "고통을 주는 불과 유황의 연기가 그 구덩이에서 영원히 올라올 것이며…밤에도 낮에도 휴식을 얻지 못할 것이다"(계 14:12, 새번역).

우리는 우리를 위해 저주를 받으신 그리스도의 보혈로 인해 구원을 받았다. 그러므로 모든 그리스도인은 구원을 받았다는 안도감과 기쁨에 한 가지를 더해야 한다. 구원받을 자격이 없는 우리에게 넘치는 긍휼을 베풀어 주셨음을 알기에, 이해할 수 없는 경이와 기쁨으로 반응해야 한다.

당신에게 찾아온 고통을 이러한 시각으로 이해하기를 바란다. 조나단 에드워즈와 함께 당신의 상황에 대해 생각해 보라.

우리가 이 세상에서 만나는 가장 큰 괴로움이라 할지라도 우리가 마땅히 당했어야 할 괴로움에 비하면 아무것도 아니다.…우리가 만나는 가장 큰 외적인 문제와 재난도 우리가 마땅히 받았어야 할 고통에 비하면 아무것도 아니다. 누군가 엄청난 손해를 입었다고 하자. 키우던 가축이 죽고, 곡식은 말라 버리고, 곳간이 불타고, 전 재산을 잃었다고 하자. 안락한 삶을 누리던 그 사람은 가난에 허덕이는 비참한 나락으로 떨어지게 될 것이다. 그러나 우리가 익히 들어 온 영원한 멸망과 비교할 때 이러한 고통이 얼마나 작은 것인지를 깨닫는다면 괴롭다고 불평할 이유를 찾기 어려울 것이다.[3]

바울이 "모든 일을 원망과 시비가 없이 하라"(빌 2:14)고 한 것은 당연한 가르침이었다. 당신은 아무런 자격이 없음에도 불구하고 끔찍한 죽음과 영원한 고통에서 구원받았다. 비록 힘든 상황 가운데 있을지라도 매일 넘치는 긍휼을 입고 있다. 그리고 언젠가 다가올 그날에는 온전하고 영원한 행복을 누리게 될 것이다. 이 사실을 매 순간 가슴 깊이 인식하며 산다면, 삶의 문제들에 어떻게 반응하게 될지 생각해 보라.

그리고 이러한 상상에 한 가지 요소를 더해 보자. 당신을 구원하기 위해 죽기까지 하신 그분은 사실 이 우주 전체에서 유일하게 죽을 필요가 없는 분이시다. "그리스도께서도 단번에 죄를 위하여 죽으사 의인으로서 불의한 자를 대신하셨으니 이는 우리를 하나님 앞에로 인도하려 하심이라"(벧전 3:18).

오, 그리스도인이여, 당신의 상황을 직시하라. 당신이 어떤 참혹한 고통에서 구원받았는지, 당신이 어떤 긍휼 가운데서 살아가는지, 그리스도께서 어떤 대가를 치르셨는지 묵상하라. 그럴 때 당신 안에는 겸손과 감사, 인내와 온유, 용서가 넘쳐흐를 것이다. 하나님은 당신이 마땅히 받아야 할 대접보다 형편없게 대하신 적이 없다. 그리스도 안에서 당신은 천만 배나 후한 대접을 받았다. 이 은혜를 마음껏 누리라. 그리고 그 은혜대로 살아가라.

유대인들은
약속된 땅에 대한
신성한 권리가 있는가?

• 그리스도인들은 이스라엘과 팔레스타인의 분쟁을 어떻게 생각해야 할까 •

성경을 믿는 그리스도인들은 이스라엘과 팔레스타인의 분쟁에 어떤 태도를 취해야 할까? 일반적으로 나라 간의 분쟁을 완화시키는 방법과 같이 양쪽 다 긍휼과 공의의 태도로 다뤄야 할 성경적인 이유가 몇 가지 있다. 즉, 성경은 우리에게 이스라엘이든 팔레스타인이든 한쪽 편만 들어 주라고 가르치지 않는다. 양쪽 다 특별히 신성한 지위를 가지고 있기 때문이다.

물론 나는 이스라엘이 하나님께 선택받은 백성으로서, 예수 그리스도 안에서 절정을 이룬 구속사 가운데 특별한 축복을 받았다는 사실을 부인하지 않는다. "너는 여호와 네 하나님의 성민이라 네 하나님 여호와께서 지상 만민 중에서 너를 자기 기업의 백성으로 택하셨나니"(신 7:6).

뿐만 아니라 나는 하나님이 아브라함 때부터 이 지역을 이스라엘에게 약속하셨다는 사실도 부인하지 않는다. 하나님은 모세에게 이같이 말씀하시지 않았는가? "이는 내가 아브라함과 이삭과 야곱에게 맹세하여 그의 후손에게 주리라 한 땅이라"(신 34:4).

물론 이러한 내용이 성경에 나오지만 이러한 사실이 오늘날 분쟁 지역에 대한 법적 소유권이 이스라엘에 있다고 뒷받침하지는 않는다. 이스라엘은 이러한 권리를 가질 수도 있고, 가지지 못할 수도 있다. 하지만 그 결정은 신적 특권에 근거한 것이 아니다. 왜일까?

첫째, 언약을 지키지 않는 백성에게는 약속의 땅을 소유할 신성한 권리가 없다. 이스라엘 백성의 특별한 지위와 땅에 대한 특권은 이스라엘이 하나님과 맺은 언약을 지키느냐에 달려 있다. 하나님은 이스라엘에게 이같이 말씀하셨다. "너희가 내 말을 잘 듣고 내 언약을 지키면 너희는 모든 민족 중에서 내 소유가 되겠고"(출 19:5). 이스라엘이 하나님과 맺은 언약을 지키지 않는다면, 신적 특권을 여전히 누려야 할 근거는 없다.

이스라엘이 하나님과 맺은 언약을 지키지 않았을 때 그 땅에 대한 신성한 권리를 여러 번 부인당했다. 예를 들어, 이스라엘이 바벨론에서 포로생활을 할 때 다니엘은 이렇게 기도했다. "주 하나님…우리는 이미 범죄하여 패역하며…주여 공의는 주께로 돌아가고 수치는 우리 얼굴로 돌아옴이 오늘과 같아서 유다 사람들과 예루살렘 거민들과 이스라엘이 가까운 곳에 있는 자들이나 먼 곳에 있는 자들이 다 주께서 쫓아내신 각국에서 수치를 당하였사오니 이는 그들이 주께 죄를 범하였음이니이다"(단 9:4-7. 또한 시 78:54-61을 보라). 이스라엘이 언약을 지키지 않으면, 약속의 땅에 대한 신성한 권리를 주장할 수 없다.

물론 그렇다고 해서 다른 나라들에게 이스라엘을 괴롭힐 권리가 있는 것은 아니다. 비록 이스라엘이 신성한 권리를 잃을 때도 인권은 가지고 있기 때문이다. 실제로 이스라엘이 하나님께 징계를 받을 때 고소해하던 나라들은 하나님께 벌을 받았다(사 10:5-13).

둘째, 오늘날 이스라엘은 일반적으로 그들의 메시아, 즉 예수 그리스도를 부인하고 있다. 이것은 하나님과 맺은 언약을 최종적으로 깨뜨리는 행위다. 하나님은 이스라엘에게 한 아들을 주겠다고 약속하셨다. "한 아들을 우리에게 주신 바 되었는데 그의 어깨에는 정사를 메었고 그의 이름은 기묘자라, 모사라, 전능하신 하나님이라, 영존하시는 아버지라, 평강의 왕이라 할 것임이라"(사 9:6). 그러나 정작 평강의 왕은 예루살렘을 바라보고 눈물을 흘리며 이렇게 말씀하셨다. "너도 오늘 평화에 관한 일을 알았더라면 좋을 뻔하였거니와 지금 네 눈에 숨겨졌도다 날이 이를지라…이는 네가 보살핌 받는 날을 알지 못함을 인함이니라"(눅 19:42-44).

건축자들이 아름다운 모퉁잇돌을 버렸을 때, 예수님은 이렇게 말씀하셨다. "하나님의 나라를 너희는 빼앗기고 그 나라의 열매 맺는 백성이 받으리라"(마 21:43). 그분은 이렇게 설명하셨다. "동서로부터 많은 사람이 이르러 아브라함과 이삭과 야곱과 함께 천국에 앉으려니와 그 나라의 본 자손들은 바깥 어두운 데 쫓겨나 거기서 울며 이를 갈게 되리라"(마 8:11-12).

하나님은 이스라엘 민족을 구원하시려는 계획을 가지고 계신다(롬 11:25-26). 그러나 현재 이스라엘 민족은 그들의 메시아, 즉 예수 그리스도의 복음을 거부함으로써 하나님과 적대 관계에 있다(롬 11:28). 하나님은 구원 사역의 범위를 넓혀서 자기 아들을 믿고 그의 죽음과 부활을 의지하는 모든 사람을 받아들이기로 결정하셨다. (물론 팔레스타인 사람들도 포함된다.) "하나님은 다만 유대인의 하나님이시냐 또한 이방인의 하나님은 아니시냐 진실로 이방인의 하나님도 되시느니라 할례자도 믿음으로 말미암아 또한 무할례자도 믿음으로 말미암아 의롭다 하실 하나님은 한 분이시니라"(롬 3:29-30).

그리스도인들이 중동 지역에서 팔레스타인과 이스라엘 사람들에게 간청해야 할 것은 이것이다. "주 예수를 믿으라 그리하면 너와 네 집이 구원을 받으리라"(행 16:31). 그리고 만왕의 왕이신 예수님을 따르는 유대인과 이방인 제자들이 (그 땅뿐만 아니라) 온 땅을 유업으로 받을 그날까지, 각 국가의 권리는 긍휼과 공의의 원리대로 결정해야 한다. 특정 민족이 총이나 칼을 들고 신성한 권리나 지위를 주장하는 일은 없어야 한다.

하나님의 영광을 위해 오렌지 주스를 마시는 법

• 우리가 은혜를 떠나면 도덕적으로 몰락하고 만다 •

"전적 타락의 교리는 성경적인가?" 이 질문에 대한 내 대답은 "그렇다"이다. 이 대답을 통해 내가 말하려는 한 가지는, (구원하는 은혜를 떠나면) 우리의 모든 행동이 도덕적으로 몰락한다는 것이다. 즉, 불신자가 하는 모든 일은 죄로 물들었기에 하나님이 받으실 만하지 않다는 것이다.

내가 이렇게 믿는 근거의 하나는 고린도전서 10장 31절이다. "그런즉 너희가 먹든지 마시든지 무엇을 하든지 다 하나님의 영광을 위하여 하라." 이러한 성경의 명령에 불순종하는 것은 죄인가? 그렇다.

그래서 나는 이렇듯 침울한 결론을 내릴 수밖에 없다. "먹든지 마시든지 무엇을 하든지 다 하나님의 영광을 위해 하지 않으면 죄다." 즉, 죄는 살인이나 도둑질 같은 해로운 행동 목록이 아니다. 평범한 일상에서 하나님을 무시하는 것이 죄다. 우리가 하나님의 영광을 위해 하지 않는 모든 행동이 죄다.

불신자들은 하나님의 영광을 위해 무엇을 하는가? 아무것도 하지 않는다. 그러므로 그들이 하는 모든 행동은 죄다. 내가 이렇게 말하는 이유는, 구원하는 은혜를 떠나서 우리가 하는 모든 일이 도덕적으로 몰락하기 때문이다.

물론 이것은 더 실제적인 질문을 제기한다. 그러면 우리가 어떻게 하면 하나님의 영광을 위해 먹고 마실 수 있을까? 아침 식사로 오렌지 주스를 마시는 것은 어떨까?

디모데전서 4장 3-5절에서 하나의 대답을 찾을 수 있다.

> [어떤 사람들이] 혼인을 금하고 어떤 음식물은 먹지 말라고 할 터이나 음식물은 하나님이 지으신 바니 믿는 자들과 진리를 아는 자들이 감사함으로 받을 것이니라 하나님께서 지으신 모든 것이 선하매 감사함으로 받으면 버릴 것이 없나니 하나님의 말씀과 기도로 거룩하여짐이라.

오렌지 주스는 "하나님이 지으신 바니 믿는 자들과 진리를 아는 자들이 감사함으로 받을 것이니라." 그러므로 믿지 않는 사람들은 오렌지 주스를 하나님이 의도하신 목적대로 사용할 수 없다. 즉, 하나님께 진정한 믿음으로 진심 어린 감사를 드릴 기회로 사용하지 못한다.

그러나 신자들은 이러한 방법으로 하나님께 영광을 돌릴 수 있다. 신자들이 오렌지 주스를 마시는 행동은 "하나님의 말씀과 기도로 거룩"해진다(딤전 4:5). 하나님의 말씀은 오렌지 주스, 그리고 주스를 마시는 힘까지도 하나님이 주신 선물이라고 가르친다(고전 4:7, 벧전 4:11). 기도는 마음에서 우러나오는 감사의 겸손한 반응이다. 하나님의 말씀에 담긴 이러한 진리를 믿고, 기도 가운데 감사를 드리는 것이야말로 우리가 하나님의 영광을 위해 오렌지 주스를 마시는 한 방법이다.

또 다른 방법은, 애정을 기울여 마시는 것이다. 예를 들어, 가장 큰 도움만을 고집하지 말라. 고린도전서 10장 33절에 이에 대한 가르침이 나온다. "나와 같이 모든 일에 모든 사람을 기쁘게 하여 자신의 유익을 구하지 아니하고 많은 사람의 유익을 구하여 그들로 구원을 받게 하라." "내가 그리스도를 본받는 자가 된 것같이 너희는 나를 본받는 자가 되라"(고전 11:1). 우리가 하는 모든 행동, 심지어 오렌지 주스를 마시는 것조차 많은 사람의 유익을 구하여 그들이 구원받기를 바라는 마음으로 할 수 있다.

모든 행동이 전적으로 부패한 우리를 은혜로 구원하신 하나님을 찬양하자. 그리고 우리가 먹든지 마시든지 무슨 일을 하든지, 위대하신 우리 하나님의 영광을 위해 하자!

사탄이
이 땅에
남겨진 이유

• 예수님 안에서 기쁨을 찾기 위해 분투하라 •

악에 관한 문제 중 하나는, "왜 사탄에게 세상을 해할 자유를 주셨는가?" 하는 문제다. 하나님은 사탄을 무저갱에 바로 던져 넣을 권한과 능력이 있지 않으신가. 그분은 언젠가 사탄에게 이 모든 일을 행하실 것이다(계 20:3, 10). 그렇게 하신다고 해도 사탄에게 부당한 조치가 아니다. 심지어 하나님이 오늘 그렇게 하신다고 해도 전혀 부당하지 않다. 그러면 하나님은 왜 그렇게 하시지 않는가? 사탄이 끔찍한 일을 많이 저지르지 않았는가?

사탄은 우는 사자같이 두루 다니며 믿음을 파괴하고 있다(벧전 5:8). 사탄은 사람들을 아프고 병들게 하며(행 10:38), 죄를 짓도록 유혹하고(눅 22:3-4), 믿지 않는 자들의 마음을 혼미하게 하며(고후 4:4), 사람들을 사로잡아 자기 뜻을 따르게 하고(딤후 2:26), 심한 고통을 준다(계 2:10). 언젠가 하나님은 사탄이 이런 일을 하지 못하게 막으실 것이다. 그런데 왜 지금 그렇게 하시지 않는가?

마귀와 그의 천사들이 회개할 가능성이라도 있는 것일까? 하나님이 그들에게 기회를 주시는 중인가? 아니, 그렇지 않다. 성경은 그들을 구제할 수 없다고 가르친다. 예수님은 이렇게 말씀하셨다. "마귀와 그 사자들을 위하여 예비된 영원한 불에 들어가라"(마 25:41). 유다는 주님께서 타락한 천사들을 "그 큰 날의 심판에 붙이시려고, 영원한 사슬로 매어서 어둠에 가두어 두셨"다고 말한다(유 1:6, 새번역).

그러면 왜 하나님은 사탄을 용인하실까? 하나님은 사탄을 패배시키되, 자신의 능력뿐 아니라 사탄보다 뛰어난 자기 아들의 아름다움과 가치와 매력을 영광스럽게 드러내는 방식으로 이기기를 원하신다. 하나님은 단지 능력을 발휘하여 사탄을 완전히 끝장내실 수 있었다. 그랬다면 하나님의 능력이 영광받으셨을 것이다. 하지만 사탄보다 뛰어난 예수님의 가치를 분명히 드러내지는 못했을 것이다. 예수님이 죽으심으로, 그리고 탁월한 진리와 아름다움으로 성도들의 충성을 얻어 사탄을 이기실 때에야 비로소 추하고 거짓된 사탄보다 뛰어난 그분의 가치가 드러나는 것이다.

이 계획에서 중요한 점은 하나님이 그리스도의 사역을 통해 단계적으로 사탄을 패배시키신다는 사실이다. 첫째, 우리는 그리스도의 십자가 죽음을 통해 모든 죄를 용서받았다. 바울은 하나님이 "통치자들과 권세들을 무력화하여 드러내어 구경거리로 삼으시고 십자가로 그들을 이기셨느니라"고 말한다(골 2:15).

이는 사탄을 패배시키는 첫 단계다. 영혼을 파괴하는 죄와 죄책감이라는 치명적인 무기는 이제 사탄의 손에서 제거되었다. 사탄은 우리를 고소하던 유일한 무기, 즉 용서받지 못한 죄라는 무기를 빼앗겼다. 우리는 이것을 고린도전서 15장 55-57절에서 확인할 수 있다. "사망아 너의 승리가 어디 있느냐 사망아 네가 쏘는 것이 어디 있느냐 사망이 쏘는 것은 죄요 죄의 권능은 율법이라 우리 주 예수 그리스도로 말미암아 우리에게 승리를 주시는 하나님께 감사하노니." 사망이 쏘는 것을 강력하게, 즉 영원히 치명적으로 만드는 것은 죄다. 율법은 죄에 대해 정확하게 유죄 판결을 내린다. 즉, 영원한 심판 아래 있게 한다. 율법의 구속력으로 더욱 강화된 용서받지 못한 죄야말로 사탄의 무기다. 그러나 우리 죄가 용서받을 수만 있다면, 사탄은 우리를 정죄할 수 없다. 진실로 우리 죄는 예수님의 보혈로 사신 하나님의 은혜를 믿는 믿음으로 용서받았다.

우리를 정죄하는 죄와 율법 없이는 사탄은 이미 패배한 적이다. 사탄은 무기를 빼앗겼다. 그리스도께서 이미 사탄에게 승리를 거두셨다. 그러나 그를 지옥에 던져 넣고 이 세상에서 영향력을 떨치지 못하게 하신 것은 아니다. 예수님은 사탄을 이 땅에 남겨 놓아서 수백만의 성도들이 자기 죄를 용서받고, 그리스도의 위대한 영광으로 말미암아 사탄에게서 등을 돌리는 것을 지켜보게 하신다.

이것이 사탄을 패배시키는 두 번째 단계다. 죄인들을 위해 십자가에서 일어났던 일뿐 아니라 구원받은 자들의 마음 안에서 일어나는 일도 중요하다. 십자가 복음의 능력으로 사람들은 회개한다. 예수님이 바울을 구원하여 이방인들에게 보내는 것은 "그 눈을 뜨게 하여 어둠에서 빛으로, 사탄의 권세에서 하나님께로 돌아오게" 하기 위해서라고 말씀하셨다(행 26:18). 마귀로 인해 눈멀었던 우리에게 하나님이 그리스도의 영광의 복음의 빛을 비추실 때 이러한 일이 일어난다(고후 4:4-6). 그럴 때 사람들은 사탄의 추함과 그리스도의 아름다움에 눈뜨게 된다. 그래서 하나님의 능력뿐 아니라 사탄보다 뛰어난 그리스도의 아름다움과 가치 때문에 그분께 영광을 돌리기로 선택한다.

사탄을 패배시키는 이 같은 방식은 그를 한 방에 제압하는 방식보다 훨씬 많은 대가가 따른다. 그리스도는 이 승리를 위해 고통당하셨으며, 세상은 고통당하고 있다. 그러나 하나님의 가치는 그렇게 쉽게 계산할 수 없다. 그리스도께서 모든 마귀를 한 번에 제압하셨다면(그분은 그렇게 하실 수 있었다), 그분의 능력이 영광받았을 것이다. 그러나 하나님의 백성들이 사탄의 온갖 약속을 무시하고 그리스도의 보혈과 의를 의지하며, 사탄보다 위대하신 예수님의 영광 안에서 기쁨을 얻을 때만큼 예수님의 뛰어난 아름다움과 가치가 밝게 빛나지는 않았을 것이다.

이는 죄와 사탄이 주는 온갖 약속보다 그리스도를 귀히 여기는 것이야말로 하나님이 우리 시대를 위해 계획하신 승리의 일부임을 의미한다. 그러므로 이제 무기를 들라. 하나님의 아들의 뛰어난 영광 안에서 기뻐하고 용감한 마음으로 마귀를 이기라! 이 길이 쉽지는 않다. 아주 큰 희생이 따른다. 그리스도의 십자가에서 그리스도의 영광까지 이르는 사랑의 길은 희생의 길이다. 사탄과 죄보다 뛰어난 그리스도의 아름다움이 가장 잘 드러나는 때는, 우리가 이미 맛본 그 아름다움을 나누고 싶어 기꺼이 고통을 감수할 때다. 어둠의 세력을 향해 날리는 강력한 일격 가운데 하나는, 순교자들의 피에서 나온다. "또 우리 형제들이 어린 양의 피와 자기들이 증언하는 말씀으로써 그를 이겼으니 그들은 죽기까지 자기들의 생명을 아끼지 아니하였도다"(계 12:11).

예수님이 전쟁을 예언하셨다면, 우리가 평화를 위해 기도해도 될까?

• 하나님의 일과 우리의 일 구분하기 •

성경을 믿는 그리스도인들 가운데 마지막 때에 평화를 위해 기도하는 것이 하나님의 뜻과 반대되는 것은 아닌지 궁금해 하는 이들이 있다. 그들이 이런 의문을 품는 이유는 예수님이 이렇게 말씀하셨기 때문이다. "난리와 난리의 소문을 들을 때에 두려워하지 말라 이런 일이 있어야 하되 아직 끝은 아니니라"(막 13:7). 만약 전쟁이 "있어야" 한다면, 평화를 위해 기도하는 것은 하나님의 뜻에 반대되는 것이 아닐까?

우리가 기도할 때는, 사람이 해야 할 도덕적으로 옳은 일이 무엇인가의 기준을 따라야 한다. 하나님이 주권적인 섭리 가운데 무엇을 하셔야 하는가의 기준을 따라서는 안 된다. 우리가 윤리적으로 악한 일이 일어나게 해달라고 기도해서는 안 되지만, 하나님께서 그런 일이 일어나게 하실 때가 있다. 예를 들어 보자. 1) 하나님은 그리스도를 십자가에 못 박히게 하셨다. 그리스도를 십자가에 못 박는 일에는 윤리적으로 악한 많은 행동들이 수반된다. 그러므로 하나님은 잠시 동안 윤리적인 악이 만연하게 하신 것이다(행 2:23, 4:27-28). 2) 하나님은 요셉의 형들이 요셉을 애굽의 노예로 팔게 하셨는데, 그 행동은 분명 악한 일이다(창 50:20). 3) 그리고 하나님은 종말의 때에 극악한 파멸이 일어나도록 정하셨다(계 17:17).

다른 말로 하면, 하나님은 특정 기간 동안 윤리적인 악이 만연하도록 정하신다. 하지만 그렇다고 해서 우리가 윤리적인 악이 만연하게 해달라고 기도해야 하는 것은 아니다. 우리는 하나님이 우리에게 뜻하신 삶의 방식대로 의와 사랑 안에 거하게 해달라고 기도해야 한다. 하나님의 뜻이 하늘에서 이루어진 것처럼 땅에서도 이루어지게 해달라고 기도해야 한다(마 6:10). 죄 많은 인간의 힘으로 땅에서 이루어지는 방식이 아니라, 완벽하게 거룩한 천사들을 통해 하늘에서 이루어지는 방식으로 말이다.

사실, 바울은 우리에게 복음을 위해 국가 간의 평화를 구하는 기도를 하라고 가르친다. 기도와 평화에 관련된 주요 성경구절은 디모데전서 2장 1-4절이다. "그러므로 내가 첫째로 권하노니 모든 사람을 위하여 간구와 기도와 도고와 감사를 하되 임금들과 높은 지위에 있는 모든 사람을 위하여 하라 이는 우리가 모든 경건과 단정함으로 고요하고 평안한 생활을 하려 함이라 이것이 우리 구주 하나님 앞에 선하고 받으실 만한 것이니 하나님은 모든 사람이 구원을 받으며 진리를 아는 데에 이르기를 원하시느니라."

1) 국가 지도자들과 2) 고요하고 평안한 생활과 3) 모든 사람이 구원받기를 구하는 기도 사이에 있는 연결고리에 주목하라. 1) 국가 지도 세력, 2) 평안, 3) 복음 전도와 선교는 서로 연결되어 있다. 물론 전쟁 중에도 교회는 성장할 수 있다. 그러나 전쟁으로 많은 교회가 파괴되는 것도 사실이다. 어떤 전쟁이 일어나도록 결정하는 것은 하나님의 일이지 우리 일이 아니다. 우리에게 맡겨진 일은 정의와 평화, 복음이 널리 퍼지도록 기도하는 것이다. 또한 국가와 교회가 마치 하나라도 된 듯 교회가 국가적인 불법에 연루되지 않도록 기도하는 것이다. 그리고 교회가 특정 국가에 대한 충성심을 뛰어넘어 그리스도를 높이는 사랑과 정의로 인해 이방인처럼 보이도록 기도하는 것이다.

이것은 정의로운 전쟁일 경우, 그리스도인들이 지지할 가능성을 열어 준다. 하나님은 다스리는 통치자들에게 칼을 가질 권리를 허락하셨다(롬 13:1-6). 침략에 맞서거나 압제당하는 사람들을 자유롭게 하기 위해 고통스럽지만 정의와 사랑으로 군사력을 동원해야 할 때가 있다. 그러한 경우, 우리는 불행이 최소화되며 정의가 빠른 시간에 승리하고 적대감과 잔혹한 행위가 억제되게 해달라고 기도해야 한다.

그러니 우리 함께 이렇게 기도하자. 온 세계에 흩어져 있는 예수 그리스도의 교회에 사랑과 지혜, 용기와 능력, 열매가 풍성하게 해주소서. 교회가 국가적, 민족적 자부심을 드러내는 일과 무관하게 해주소서. 교회가 모든 곳에서 빛과 소금으로서 평화를 만드는 역할을 감당하게 해주소서. 교회가 아무 거리낌 없이 모든 나라를 향해 정의로운 목소리를 높이게 해주소서. 예수 그리스도가 어떤 국가의 신이 아니라 만주의 주요, 만왕의 왕으로 드러나게 해주소서. 그리고 모든 주와 모든 왕이 이 진리를 깨닫고 겸손히 영광의 주님께 길을 내드리게 하소서.

예배에 대한
하나님의 요구는
헛된 것인가?

• 마이클 프로우스에게 보내는 공개 서한 •

프로우스 씨에게.

예배에 대한 하나님의 요구가 추한 교만이 아니라 아름다운 사랑이라는 것을 당신에게 이야기할 기회를 얻게 되어 기쁩니다. 2003년 3월 30일자 〈런던 파이낸셜 타임즈〉에 다음과 같이 기고하신 글을 읽었습니다.

예배라는 종교의 한 양상을 나는 도무지 이해할 수가 없다. 우리로서는 이해하기 어려운 여러 가지 이유로 전능한 한 존재가 자신과는 다른 존재를 창조하기로 결심했다고 치자. 그는 왜 우리가 그를 예배하기를 기대하는가? 우리는 창조해 달라고 요구한 적이 없다.

우리 인생은 때때로 골치가 아프다. 폭군들은 자만심으로 으쓱거리며 과찬과 경의를 바라는 경우가 많다. 그러나 도덕적으로 완벽한 하나님은 인격적인 결함이 없어야 한다. 그런데 왜 사람들은 일요일마다 교회에 가서 무릎을 꿇을까?

하나님이 찬양을 요구하시는 유일한 동기가 찬양에 굶주렸거나 도덕적으로 결함이 있어서라고 당신이 결론 내린 이유를 저는 이해하기가 어렵습니다. 사람에 대해서라면 그렇게 생각하는 것이 맞습니다. 그러나 하나님에 대해서는 또 다른 가능성이 존재합니다.

무신론자 아인 랜드(Ayn Rand)가 언젠가 말했듯, 존경이 가장 진귀하면서도 최고의 기쁨이라면 어떨까요? 아인 랜드도 알았다면 좋았겠지만, 하나님이 정말로 온 우주에서 가장 존경받아 마땅한 분이시라면 어떨까요? 그러면 찬양에 대한 하나님의 부르심은 곧 숭고한 기쁨에 대한 부르심이라고 볼 수 있지 않을까요? 이러한 부르심을 위해 자기 아들의 생명을 그 대가로 치러야 하셨다면, 이는 (교만이 아니라) 사랑이라고 볼 수 있지 않을까요?

성경은 하나님이 위대하시기 때문에 지극히 찬양받으셔야 한다고 말합니다. "여호와는 위대하시니 지극히 찬양할 것이요"(시 96:4). 하나님은 자기 손으로 지으신 어떤 것보다 존경받으셔야 합니다. 하나님은 그런 분이십니다.

게다가 성경은 찬양이, 즉 마음에 넘쳐흐르는 존경심이 곧 기쁨이라고 말합니다. "여호와를 찬양하라! 우리 하나님을 찬송하는 것이 좋은 일이며 그를 찬양하는 것이 즐겁고 마땅한 일이다"(시 147:1, 현대인의성경). 그리고 이 기쁨은 지금부터 영원히 지속되는 최고의 기쁨입니다. "주의 앞에는 충만한 기쁨이 있고 주의 오른쪽에는 영원한 즐거움이 있나이다"(시 16:11).

결론을 내리자면, 최고의 찬양에 대한 요구는 곧 최고의 행복에 대한 요구와 같습니다. 우리는 자신을 높이 평가하도록 만들어지지 않았음을 마음 깊은 곳에서부터 알고 있습니다. 우리는 위대한 것을 높이 평가하도록 만들어졌습니다. 우리 자신에 대해 잊어버릴 때, 위대함으로 인한 최고의 기쁨에 사로잡힐 수 있습니다. 하나님의 위대함이야말로 가장 위대한 위대함입니다. 지금껏 인간의 마음을 전율시켰던 모든 미덕은 그것을 만드신 하나님 안에 있을 때 만 배나 증폭됩니다. 하나님은 비길 데 없는 분이십니다. 하나님은 스스로에 대한 찬양이 사랑에 있어서 필수적인 유일한 존재이십니다. 만약 하나님이 "겸손하게" 우리를 그분의 아름다움으로부터 멀리 보내시며 다른 곳에서 기쁨을 찾으라고 하신다면, 우리는 곧 엉망이 되고 말 것입니다.

위대한 사상가들은 오래전부터 이것을 증거해 왔습니다. 예를 들어, 조나단 에드워즈는 이렇게 말했지요.

> 하나님이 피조물의 유익을 어떻게 구하시는지를 상상하는 것은 어렵지 않다. 그분은 자신을 최고로 존경함으로 피조물의 유익을 추구하시고, 심지어 행복을 추구하신다. 피조물의 행복은 그가 하나님을 최고로 존경하고 사랑하며 그 안에서 기뻐할 때 얻을 수 있기 때문이다.…피조물에 대한 하나님의 관심과 자신에 대한 하나님의 관심은 결코 분리된 것이 아니다. 이 둘은 하나로 연합해 있다. 피조물의 행복은 곧 하나님과의 연합에서 오는 행복을 지향하기 때문이다.[4]

C. S. 루이스는 하나님의 자기 찬양에 담긴 아름다움을 꿰뚫어 보았다. (그도 처음에는 시편이 칭찬에 굶주린 늙은 여인의 고백과 같다고 생각했다.) 결국 그는 시편에서 명백한 진리를 발견했다.

> 하나님을 찬양하는 것에 대한 나의 전체적이고 더 일반적인 어려움은, 다른 모든 가치 있는 것에 대해 기쁘게 하고 있는 일을, 어리석게도 하나님이라는 최고의 가치 있는 존재에 대해서는 거부했던 것에 있었다. 우리가 우리에게 즐거움을 주는 것들을 찬양하기 좋

아하는 까닭은, 찬양이 단순히 우리의 즐거움을 표현할 뿐 아니라 완성해 주기 때문이라고 생각한다.[5]

에드워즈와 루이스는 하나님을 찬양하는 것이 하나님 안에서 누리는 기쁨의 완성이라고 보았습니다. 이 기쁨은 하나님의 무한한 아름다움과 위대함에서 흘러나옵니다. 진정으로 존경받을 면에서 하나님을 뛰어넘을 자가 없습니다. 그분은 우리가 누릴 만한 존재입니다. 그러나 죄인인 우리는 그것을 깨닫지 못하고 원하지도 않습니다. 우리는 자신이 중심에 있기를 원합니다. 그러나 예수 그리스도는 우리에게 다른 방법으로 인간다워지도록 가르치시고 우리 죄를 위해 죽으셨습니다. 하나님의 진노를 우리 대신 받으시고 우리에게 하나님을 알고 맛볼 수 있는 길을 열어 주셨습니다. "그리스도께서도 단번에 죄를 위하여 죽으사 의인으로서 불의한 자를 대신하셨으니 이는 우리를 하나님 앞으로 인도하려 하심이라"(벧전 3:18).

그러므로 하나님이 우리의 찬양을 받기 원하시는 이유는, 그분이 우리의 찬양을 받아야만 완전해지시기 때문이 아닙니다. 하나님이 우리의 찬양을 받기 원하시는 이유는, 찬양을 드릴 때 우리가 비로소 완전해지기 때문입니다. 이것은 결코 교만이 아닙니다. 사랑입니다.

저는 당신이 당신의 창조자이자 구원자의 아름다움을 알고 맛보게 되길 기도합니다.

존 파이퍼 드림

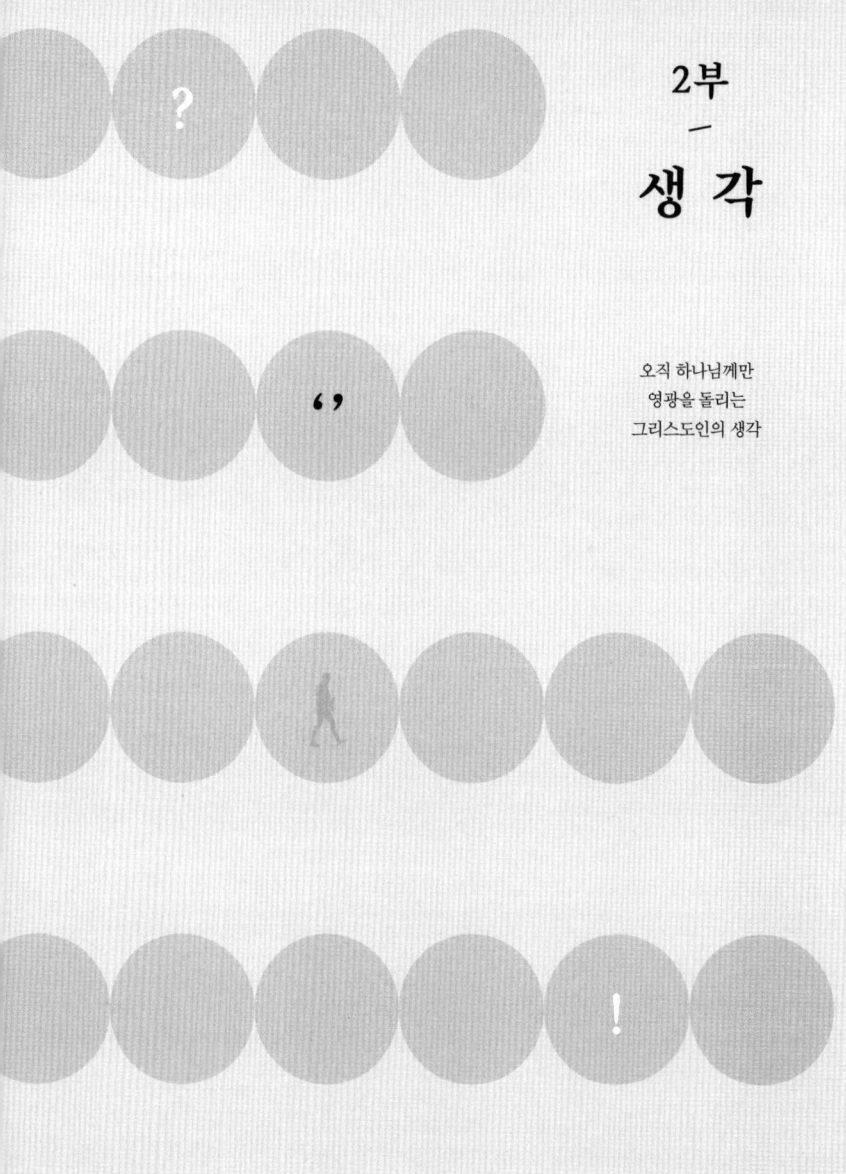

2부
생각

오직 하나님께만
영광을 돌리는
그리스도인의 생각

심장 같은
그리스도인들을 향한
부르심

• 윌리엄 윌버포스의 인내를 생각하며 •

나는 아드레날린 덕에 기분이 좋다. 주일마다 아드레날린 덕을 꽤 보는 것 같다. 하지만 월요일에는 아드레날린이 제 역할을 못한다. 사실 나는 심장에게 더 큰 고마움을 느낀다. 기분 좋은 날이든 기분 나쁜 날이든, 행복하든 슬프든, 수치가 높든 낮든, 진가를 알아주든 못 알아주든 간에, 심장은 늘 겸손하고 조용한 종처럼 일한다. 나는 심장에게 실망한 적이 없다. 심장은 이렇게 말하는 법이 없다. "파이퍼, 난 네 태도가 마음에 안 들어. 오늘은 그냥 쉴래." 심장은 그저 겸손하게 쿵쿵거리며 일할 뿐이다.

심장 같은 그리스도인들은 그들이 섬기는 이유에 있어 심장과 비슷하다. 아드레날린 같은 그리스도인들은 에너지를 분출

하다가 금방 지친다는 의미에서 아드레날린과 비슷하다. 오늘날 교회와 세상에 필요한 사람은 단거리 주자가 아니라 마라톤 선수다. 달리기 속도를 끝까지 유지하면서 (평생에 걸친) 경기를 마치는 그런 사람 말이다.

오, 심장 같은 그리스도인들이여! 그리스도인은 안락한 삶이 아니라 위대한 대의에 헌신한 사람이다. 나는 당신이 자신과 가족, 당신의 교회보다 더 큰 꿈을 꾸기를 바란다. 가족을 신격화하지 말라. 자녀들은 우리의 대의가 아니다. 우리가 대의를 위해 훈련하도록 그들을 주신 것이다. 짧은 시간 동안 자녀들을 우리에게 주신 것은, 편견과 고통이 가득하고 혹독한 세상에서 진리와 긍휼, 정의라는 대의를 위해 그들을 훈련시키기 위해서다.

나는 불굴의 심장 같은 그리스도인들로 하여금 위대한 대의에 헌신하게 하는 일에 피가 끓는다. 요즘 윌리엄 윌버포스의 생애에 푹 빠져 있어서 더 그렇다. 그는 인종 문제에 관한 정의를 구현하기 위해 헌신한 심장 같은 그리스도인이다. 신앙심 깊은 그리스도인이자, 활기 넘치는 복음주의자이며, 열정적인 하원의원으로 아프리카 노예 무역과 기나긴 싸움을 했다. 1787년 10월 28일, 그는 일기에 이렇게 썼다. "전능하신 하나님이 내게 두 가지 사명을 주셨다. 노예 무역 철폐와 악습 개혁." 그의 나이 스물여덟이었다. 의회에서 계속 투쟁하는 가운데 그는 매번 실패를 맛보았다. 노예 무역은 나라의 경제적 이익과 상당 부분이 얽혀 있었기 때문이다. 하지만 그는 끝까지 포기하지 않았고 주저앉지 않았다. 그는 아드레날린이 아니라 심장 같은 사람이었다.

그로부터 20년이 지난 1807년 2월 24일 오전 4시, 결선 투표를 시행했고(찬성 283, 반대 16), 드디어 노예 무역은 법으로 금지되었다. 법안이 통과되자 의원들은 자리에서 일어나 윌버포스에게 박수갈채를 보냈다. 등이 굽은 채로 앉아 있던 백발의 키 작은 남자의 얼굴에 눈물이 흘러내렸다.[6]

심장 같은 그리스도인, 윌리엄 윌버포스는 결코 포기하지 않았다. 그 열쇠는 그의 끈질긴 성격에 있었다. 그가 헌신한 대의의 위대함과 확실성, 정당성이 그를 지탱해 주었다. 그가 "의회에 존재하는 원대한 목적"은 노예 무역 폐지였다.

1796년에 그는 이렇게 썼다. "이 위대한 대의 앞에서 다른 모든 것은 의미가 없어진다. 내가 이 자리에 있는 이유에 대한 확신 때문에 나는 안주할 수 없다. 오히려 있는 힘껏 그 대의를 주장하게 된다. 그동안 나를 영예롭게 하신 하나님을 기쁘시게 할 수만 있다면, 나는 기독교 국가에 치욕을 안기고 있는 사악하고 잔인한 방식을 멈추는 도구가 될 것이다."[7]

그는 들끓는 아드레날린으로는 승리할 수 없음을 알았다. "나는 날마다 더 깊이 절감하고 있다. 내게 맡겨진 일은 성급하고 격렬한 방식이 아니라 끊임없이 지속되는 노력으로 이루어질 것임을 말이다."[8] 그는 반대에 굴하지 않고 오히려 강해지는 비결을 배웠다. 그와 반대편에 섰던 한 정치인은 이렇게 말했다. "윌버포스는 열정적인 영혼을 타고났다. 온갖 공격 앞에서 굴하기보다는 도리어 활기를 찾곤 했다."[9] 무엇보다 그가 위대한 대의에 끊임없이 헌신할 수 있었던 비결은 예수 그리스도께 철저히 헌신했기 때문이다.

그는 다음과 같이 기도했다. 이 기도는 그리스도를 사랑하는 심장 같은 많은 그리스도인들을 일깨워 인종 차별, 낙태, 기아, 무지, 가난, 노숙자, 알코올 중독, 마약 중독, 범죄, 부패한 권력, 폭력, 에이즈, 무관심, 불신 등과 흔들림 없이 싸우게 만들었다. "하나님이여, 내 눈과 마음을 한곳에 집중하게 해주소서. 오직 하나님을 기쁘시게 하기를 갈망하고, 주위 사람들에게 선을 행하며, 사랑하는 구원자께 늘 감사하게 하소서."[10]

죄에서
승리를 보장하는
소망의 약속

• 성화의 본질에 대한 생각 •

우리가 "은혜 아래"(롬 6:14) 있는 동안 죄가 우리에게 주인 노릇 하지 못한다. 그 이유 가운데 하나는, 우리가 은혜 아래 있는 동안 하나님이 우리 안에서 하나님의 기쁘신 뜻대로 행동하도록 역사하시기 때문이다. 나는 이것을 로마서 6장 17절에 근거를 두고 있다. "하나님께 감사하리로다 너희가 본래 죄의 종이더니 너희에게 전하여 준 바 교훈의 본을 마음으로 순종하여." 바울은 로마 교인들이 마음으로 순종하게 된 것으로 인해 하나님께 감사했다. 그들의 마음에 순종이 일어나도록 역사하신 분은 하나님이셨다. 그리고 우리 마음에 순종을 일으키시는 분이 하나님이시라면, 죄는 더 이상 우리의 주인이 될 수 없다. 하나님이 우리의 주인이 되신다.

그렇다고 해서 우리가 이 땅에서 사는 동안 온전해질 수 있다는 의미는 아니다(빌 3:12, 고후 3:18, 롬 7:24). 그러나 우리가 생을 마치거나 예수님이 다시 오실 때까지(딤후 4:7) 계속 "믿음의 선한 싸움을" 싸운다면(딤전 6:12) 우리 삶에서 죄를 몰아낼 수 있다. 죄가 패배할 것이 확실하다. 죄와 계속해서 싸우고 거룩함을 추구하는 삶에 대해 이런 비유를 들은 적이 있다. 성화는 요요를 던졌다 당겼다 하면서 계단을 오르는 것과 같다고 말이다. 거룩함을 추구하는 과정에는 오르내림이 있다. 그러나 전체적으로 보면 우리는 거룩함을 향해 나아가고 있다.

이 비유에서 한 가지 수정해야 할 부분이 있는 것 같다. 계단을 오르다 중간쯤 이르러 불신과 죄와의 싸움에서 일시적으로 패배하여 믿음의 요요가 첫 계단에서보다 더 낮아지는 경우가 있다. 다른 말로 하면, 불신과 죄와의 싸움에서 훗날의 실패가 이전의 실패보다 더 깊은 좌절감과 절망을 주지 않으리라는 보장은 없다는 것이다. 계속해서 나아지든 그렇지 않든, 전투는 마지막까지 계속될 것이다.

우리는 하나님의 주권으로 말미암아 변화가 가능하다는 소망을 놓지 말아야 한다. 아무 변화도 필요 없는 것처럼 수동적인 태도를 가져서는 안 된다. 다음에 나오는 성경구절을 읽으며 하나님이 격려하시는 목소리에 주목하라. 그러면 삶에서 죄를 몰아내는 일이 더 나아질 것이다.

데살로니가후서 1:11-12, "그러므로 우리가 언제나 여러분을 위하여 기도합니다. 그것은 우리 하나님께서…그의 능력으로 모든 선한 뜻과 믿음의 행위를 완성해 주시기를 비는 것입니다. 이렇게 해서…우리 주 예수의 이름이 여러분에게서 영광을 받…게 하려는 것입니다"(새번역). 기억하라. 하나님이 우리를 도와 선한 결심을 이루게 하실 때, 예수님이 영광을 받으신다.

히브리서 13:20-21, "평강의 하나님이 모든 선한 일에 너희를 온전하게 하사 자기 뜻을 행하게 하시고 그 앞에 즐거운 것을 예수 그리스도로 말미암아 우리 가운데서 이루시기를 원하노라 영광이 그에게 세세무궁토록 있을지어다 아멘." 다시 주목하라. 하나님은 우리가 "예수 그리스도로 말미암아" 하나님이 즐거워하시는 것을 이루게 하신다. 그러므로 영광을 받으시는 분은 우리가 아니라 예수님이시다.

베드로전서 4:11, "누가 봉사하려면 하나님이 공급하시는 힘으로 하는 것같이 하라 이는 범사에 예수 그리스도로 말미암아 하나님이 영광을 받으시게 하려 함이니 그에게 영광과 권능이 세세에 무궁하도록 있느니라 아멘." 공급하시는 분이 영광을 받으신다. 하나님을 섬기게 하시는 분이 하나님이시기에, 그 섬김에 대한 인정을 하나님이 받으신다.

갈라디아서 5:22-23, "오직 성령의 열매는 사랑과 희락과 화평과 오래 참음과 자비와 양선과 충성과 온유와 절제니 이 같은 것을 금지할 법이 없느니라." 그리스도인의 태도와 행동은 궁극적으로 우리의 노력으로 얻은 열매가 아니라 성령의 열매다. 우리의 노력은 필수이지만, 궁극적으로 결정적인 요소는 아니다. 빌립보서 2장 12-13절을 보라.

지금까지 언급한 구절들은 하나님이 새 언약에 대한 구약의 약속을 어떻게 이루시는지에 대한 예다. 하나님은 구약에서 그의 백성들 안에 순종이 일어나게 역사하겠다고 약속하셨다. 구약에 나오는 약속의 예는 다음과 같다.

예레미야 31:31-33, "보라 날이 이르리니 내가 이스라엘 집과 유다 집에 새 언약을 맺으리라…내가 나의 법을 그들의 속에 두며 그들의 마음에 기록하여." 한때 돌판에 새겨졌던 율법은 외부에 있기에 우리 마음에서 일어나는 저항감과 부딪혔다. 그러나 하나님은 새 언약에서 율법이 외부에서 요구하게 두지 않으시고 우리 마음에서 순종을 일으키게 하신다.

신명기 30:6, "네 하나님 여호와께서 네 마음과 네 자손의 마음에 할례를 베푸사 너로 마음을 다하며 뜻을 다하여 네 하나님 여호와를 사랑하게 하사."

에스겔 11:19-20, "내가…그 속에 새 영을 주며 그 몸에서 돌 같은 마음을 제거하고 살처럼 부드러운 마음을 주어 내 율례를 따르며 내 규례를 지켜 행하게 하리니 그들은 내 백성이 되고 나는 그들의 하나님이 되리라."

에스겔 36:26-27, "또 새 영을 너희 속에 두고 새 마음을 너희에게 주되 너희 육신에서 굳은 마음을 제거하고 부드러운 마음을 줄 것이며 또 내 영을 너희 속에 두어 너희로 내 율례를 행하게 하리니 너희가 내 규례를 지켜 행할지라." 여기서 "너희로 내 율례를 행하게 하리니"라는 구절에 주목하라. 나는 바울이 로마서 6장 17절에서 하나님께 감사하는 이유가 바로 이것 때문이라고 생각한다.

예레미야 32:40, "내가 그들에게 복을 주기 위하여 그들을 떠나지 아니하리라 하는 영원한 언약을 그들에게 세우고 나를 경외함을 그들의 마음에 두어 나를 떠나지 않게 하고." 우리가 마지막까지 하나님을 경외하는 삶을 산다면, 이는 우리를 지키시는 하나님의 강력한 은혜 때문이다.

그러면 우리는 어떻게 기도하고, 어떻게 의지를 사용해야 할까? 하나님이 우리 삶에서 거룩한 뜻을 이루기로 약속하신 가운데 어떻게 기도해야 할지를 바울에게서 배울 수 있다. "주님께서 여러분끼리 서로 나누는 사랑과 모든 사람에게 베푸는 여러분의 사랑을 풍성하게 하고, 넘치게 해주시기를 빕니다"(살전 3:12, 새번역. 빌 1:9-11을 보라). 이 같은 일을 우리 속에 이뤄 달라고 하나님께 기도할 수 있다. "오 주님, 저희가 서로 사랑하게 해주세요! 이것이 하나님이 하실 일입니다! 이뤄 주세요!"

그러나 기도했다고 해서 다 된 것은 아니다. 하나님이 다스리신다고 해서, 인간이 의지가 필요 없는 것은 아니다. 우리는 의를 이루기 위해 의지를 발휘하도록 명령받았다. "두렵고 떨림으로 너희 구원을 이루라 너희 안에서 행하시는 이는 하나님이시니 자기의 기쁘신 뜻을 위하여 너희에게 소원을 두고 행하게 하시나니"(빌 2:12-13). 우리 안에서 행하시겠다는 하나님의 약속은 구원을 이루기 위해 의지를 발휘하도록 힘과 소망을 준다. 힘을 내라. 하나님은 당신을 홀로 내버려 두지 않으실 것이다.

지옥을 두고
협상할 수 없는
이유

• 하나님의 영원한 진리를 사랑한 도로시 세이어즈를 생각하며 •

오늘은 정치인의 어록에 속해 있고, 내일은 마케팅에 속해 있으며, 영원은 진리에 속해 있다. 오로지 이 세상을 위해서만 산다면, 진리에 대해 별로 신경을 쓰지 않을 것이다. "내일이면 우리가 죽을 테니, 먹고 마시자." 정녕 이 세상이 전부라면, 욕구에만 신경을 쓰는 이러한 태도를 "진리"라고 여겨야 할 것이다. 그러나 영원을 위해 산다면, 영원한 가치를 붙들기 위해 일시적인 유행을 포기할 것이다.

    우리는 일시적인 성공보다는 진리를 귀하게 여겨야 한다. 진리가 축소되고 사람들이 진리에 기반하지 않을 때, 성공은 피상적이 되고 설령 나무가 자라서 번영의 꽃을 피우더라도 속은 텅

비게 된다. 하나님께서 말씀의 진리를 깊고 풍성히 아는 삶을 향한 겸손하고도 순종적인 사랑을 우리에게 부어 주시길!

오늘날에 대한 바울의 경고를 들어 보라. "때가 이르리니 사람이 바른 교훈을 받지 아니하며 귀가 가려워서 자기의 사욕을 따를 스승을 많이 두고"(딤후 4:3). "또 온갖 불의한 속임수로 멸망을 받을 자들을 속일 것입니다. 그것은, 멸망을 받을 자들이 자기를 구원하여 줄 진리에 대한 사랑을 받아들이지 않기 때문입니다."(살후 2:10, 새번역).

소위 "복음주의자"라고 주장하는 많은 사람에게 버림받은 진리가 하나 있다. 이제는 대중적이지도 않다. 바로 지옥에 대한 진리다. 오, 누군가가 지옥에 대해 믿게 될 때 얼마나 놀라운 변화가 일어나는지 모른다! 그는 눈물을 흘리며 두려움으로 떨 것이다. 삶의 모든 부분에서 진중해지고, 모든 노력을 절박하게 하며, 모든 일 가운데 진지함을 가지게 될 것이다. 죄를 더욱 죄스럽게 여기고, 의를 더욱 의롭게 여기며, 삶을 더욱 소중하게 여기고, 관계를 더욱 깊이 있게 여기며, 하나님을 더욱 중요하게 여길 것이다.

그럼에도 불구하고, 모든 세대에서 이 진리를 버리려는 움직임이 일어나고 있다. 캐나다의 신학자이며, 자신을 여전히 복음주의자라고 불렀던 클라크 피녹(Clark Pinnock)은 이렇게 썼다.

나는 영원한 고통을 느끼는 형벌에 대한 전통적인 신념에 의문을 갖게 되었는데, 이는 성경에 기초한 것이라기보다는 도덕적 반감과 광범위한 신학적 고려 사항 때문이었다. 유한한 삶의 상황에서 저지른 죄 때문에 사랑의 하나님께서 사람들에게 영원한 고통을 줄 것이라고 말하는 것은 도무지 이치에 맞지 않다.…이제 복음주의자들이 나서서 이렇게 외쳐야 하지 않겠는가? 성경적이고 도덕적으로 적합한 지옥에 대한 교리는 멸절이지 영원한 고통이 아니라고 말이다.[11]

1957년에 사망한 도로시 세이어즈는 지옥에 대한 진리를 버리는 이러한 현상의 해독제에 대해 말했다.

지옥에 대한 교리가 어디서 비롯되었는지를 잊어버리거나 감추려는 것은, 특히 어느 정도 자유주의적 경향을 띤 중년 작가들 사이에서 일어나고 있는 일종의 음모로 보인다. "잔인하고 끔찍한 중세의 지옥 교리"라든가 "죽지 않는 벌레들과 꺼지지 않는 불이라는 유치하고 기괴한 중세적 이미지"라는 말을 심심치 않게 들을 수 있다.…

하지만 이는 사실과 다르다. 사실을 한번 짚어 보자. 지옥에 대한 교리는 "중세"에서 오지 않았다. 그 교리는 그리스도로부터 왔다.

지옥에 대한 교리는 사람들에게 겁을 주어 교회에 돈을 바치게 하려고 중세의 성직자들이 창안한 것이 아니다. 죄에 대한 그리스도의 의도적인 심판이다. 죽지 않는 벌레들과 꺼지지 않는 불에 대한 이미지는 "중세의 미신"에서 온 것이 아니라 이사야 선지자에게서 왔으며, 이를 강조하여 사용하신 분은 그리스도이시다.…이 교리는 가장 오래되고 이미 수정된 복음 안에 담겨 우리 앞에 놓여 있다. 이 교리는 친숙한 많은 비유들에서 명백한 형태로 드러나며, 그보다 더 많은 비유들에서는 내포된 형태로 드러난다. 위안이 되는 본문만 골라 읽는 대신, 사복음서를 읽기까지 이 교리는 가르침에서 꽤 중요한 부분을 차지한다. 신약성경을 조각조각 찢어 버리지 않는 한, 어느 누구도 이 교리를 없앨 수 없다. 우리가 그리스도를 부인하지 않는 한, 지옥도 부인할 수 없다.[12]

여기에 한 가지만 덧붙이고 싶다. 성경에는 지옥에 대한 교리 외에도 많은 부분이 있다. 우리가 성경의 어느 부분이라도 버린다면 궁극적으로 그리스도를 부인하는 것이다. 이것은 오래된 문서에 대한 충성심이 아니다. 우리는 성경의 진리를 사랑하며, 진리이신 그리스도만이 구원하실 수 있는 사람들을 사랑한다. 심지어 사랑하기 어려울지라도 말이다. 그리스도를 사랑하기에 그렇게 한다.

기독교 문화의
영향력을
자랑하라

• 행복하면서도 상한 마음을 가진 나그네의 역할 •

그리스도인들이 이 땅에서 나그네 같다고 해서(벧전 2:11), 문화에 신경을 끄고 산다는 뜻은 아니다. 아주 행복하면서도 상한 마음을 가진 아웃사이더로서 영향력을 행사한다는 뜻이다. 우리는 이 땅에서 나그네다. "우리의 시민권은 하늘에 있는지라 거기로부터 구원하는 자 곧 주 예수 그리스도를 기다리노니"(빌 3:20). "우리가 여기에는 영구한 도성이 없으므로 장차 올 것을 찾나니"(히 13:14). 우리는 안개와 같은 인생을 이국 땅에서 살고 있다.

그러나 우리는 행복한 체류자다. 피 흘리신 우리의 승리자로부터 고통스러운 유랑 생활 중에도 기뻐하라는 명령을 받았기 때문이다. "나로 말미암아 너희를 욕하고 박해하고 거짓으로 너희를 거슬러 모든 악한 말을 할 때에는 너희에게 복이 있나니 기뻐하고 즐거워하라 하늘에서 너희의 상이 큼이라"(마 5:11-12). 사도 바울이 다음과 같이 말했기에 우리는 행복하다. "생각하건대 현재의 고난은 장차 우리에게 나타날 영광과 비교할 수 없도다"(롬 8:18). 이 타락한 세상 곳곳에서 긍휼을 미리 맛볼 수 있으며, 하나님은 우리가 긍휼을 누리기를 기뻐하시기에 우리는 행복하다(딤전 4:3, 6:17). 언젠가 나그네들이 그 땅을 기업으로 받을 것을 알기에 우리는 행복하다(마 5:5). 죄인들을 위해 죽으신 그리스도께서 언젠가 "모든 것"을 자기 백성에게 주실 것이다(롬 8:32).

그러나 우리의 기쁨은 가슴이 미어질 듯한 기쁨이다. 그리스도는 우리 그리스도인들이 드리는 것보다 훨씬 더 많은 순종을 받기에 합당하시다. 세상 많은 사람들이 아직 "그리스도 예수께서 죄인을 구원하시려고 세상에 오셨다"(딤전 1:15, 새번역)는 복음을 듣지 못했기에 우리의 기쁨은 가슴이 미어질 듯한 기쁨이다. 또한 모든 사회 안에 있는 인간의 문화가 그리스도의 명예를 손상시키고, 그리스도께 수치를 안기며 즐거워하고, 자기 파괴적인 행위를 일삼기에 우리의 기쁨은 가슴이 미어질 듯한 기쁨이다.

미국도 마찬가지다. 우리의 문화는 실제적으로든 성경 신학적으로든 그리스도인들에게 속해 있지 않다. 지금까지 그랬던 적이 없다. 현재 소돔을 향해 치닫는 것은 그리스도께서 주인 되었던 사회가 타락하는 것이 아니다. "온 세상은 악한 자 안에 처한 것이며"(요일 5:19). 타락 이래로 지금까지 세상은 악한 자 안에 있었으며, 이는 그리스도께서 승리 가운데 다시 오실 때까지 이어질 것이다. 때가 되면 하나님의 정당한 소유권이 드러날 것이다. 모든 피조물에 대한 그리스도의 주 되심은 단계적으로 드러나고 있다. 처음은 탄식하는 세대요, 그다음은 영광의 세대다. "우리 곧 성령의 처음 익은 열매를 받은 우리까지도 속으로 탄식하여 양자 될 것 곧 우리 몸의 속량을 기다리느니라"(롬 8:23). 나그네들은 모든 피조물과 함께 탄식하고 있다. 우리는 기다리는 중이다.

하지만 그리스도인 나그네들은 결코 수동적이지 않다. 우리는 부도덕한 문화의 환락과 비참함을 비웃지 않는다. 눈물을 흘린다. 아니, 그래야만 한다. 나그네가 된다는 것은 결코 냉소적이 되는 것을 뜻하지 않는다. 무관심해지는 것이나 관여하지 않는 것과는 다르다. 세상의 소금은 썩어 가는 고기를 보며 조롱하지 않는다. 할 수만 있다면 썩지 않게 보존하고 맛을 낸다. 할 수 없을 때는 눈물을 흘리며 슬퍼한다. 세상의 빛은 하나님 없는 어둠에 대해 "속이 다 시원하구나!"라고 말하며 뒤로 물러나지 않는다. 빛은 힘써 환하게 비춘다. 그러나 결코 지배하려 들지 않는다.

우리 문화에서 그리스도인 나그네로 산다는 것은 우리의 영향력을 멈추는 것이 아니라 오히려 마음껏 드러내는 것이다. 우리는 나라의 힘이 약해진다고 짜증 내지 않는다. 악의 승리를 보며 징징거리지 않는다. 분노로 마음이 굳어지지 않는다. 우리는 이해한다. 이것은 전혀 낯선 상황이 아니다. 안디옥, 고린도, 아덴, 로마 때부터 있었던 일이다. 제국은 이와 같았다. 제국은 단순히 타락만 한 것이 아니라 생명을 앗아 갔다. 격정적인 3세기를 거치는 동안 그리스도인들은 그리스도로 인한 기쁨의 대가를 피 흘리며 치렀다. 많은 사람들이 아직도 그렇게 하고 있으며, 앞으로도 그럴 것이다.

초대교회 나그네들은 어디에나 존재하는 세속적인 인본주의를 큰소리로 불평해야겠다고 생각하지 않았다. 그들 귀에는 제국의 말들이 여전히 울리고 있었다. "너희가 내 이름으로 말미암아 모든 사람에게 미움을 받을 것이나 끝까지 견디는 자는 구원을 받으리라"(막 13:13). 굴복하지 않는 기쁨과 변함없는 긍휼의 사역을 위한 때였다.

물론, 당시는 영향력을 끼쳐야 할 시기였다. 오늘날도 마찬가지다. 그러나 우리의 빼앗긴 권리를 되찾기라도 하려는 것처럼 씩씩대서는 안 된다. 그보다는 인종 차별의 어리석음, 가난한 자들에 대한 착취, 하나님께 반하는 교육, 낙태의 공포, 이성 결혼 제도 붕괴 등이 아주 비극적인 일임을 알기에 눈물과 신념과 인내로서 해야 한다. 좌나 우의 승리가 아니라 기쁨으로 전율해야 한다.

그리스도인 나그네들의 위대함은 성공이 아니라 섬김에 있다. 이기든 지든 간에, 우리는 진리와 아름다움과 기쁨의 길에 대해 증거한다. 우리는 문화를 소유하거나 다스리지 않는다. 가슴이 미어질 듯한 기쁨과 인내심 강한 긍휼로 문화를 섬긴다. 예수 그리스도의 영광과 사람의 유익을 위해서 말이다.

'이미'와
'아직'

• 그리스도와 연합하는 것의 실체 •

로마서 6장과 7장은 우리가 그리스도를 우리 구주이자 주인이요 삶의 보물로 신뢰할 때 그리스도와 연합하게 된다고 가르친다(롬 6:5, 7:4). 그리스도와 연합한 가운데 우리는 죽고(롬 6:8, 골 2:20, 3:3), 부활한다(롬 6:4, 골 2:12, 엡 2:6). 즉 결정적이고 돌이킬 수 없는 새로운 피조물로 존재하게 되며(고후 5:17), 결정적이고 돌이킬 수 없는 해방이 나타난다(롬 6:14, 18). 우리는 사망에서 (영원한!) 생명으로 옮겨졌다. 우리의 결정적인 심판은 우리 뒤에, 즉 골고다 언덕에 있다(요 5:24). 우리는 어둠의 지배에서 하나님 아들의 나라로 옮겨졌다(골 1:13).

그러나 아직은 우리가 최종적이고 완벽하게 죄에서 자유를 얻은 것이 아님을 기억해야 한다. 결정적이고 돌이킬 수 없는 것은 맞다! 그러나 최종적이고 완벽하지는 않다! 죄는 여전히 우리 안에 거하고 있다(롬 7:17, 20). 악이 우리 안에 있다(롬 7:21). "육신"은 날마다 우리 영혼을 괴롭힌다(롬 7:25). 우리는 아직 온전하지 않으며, 면류관과 상을 얻지도 못했다(빌 3:12). 우리가 죄가 없다고 말하면 스스로 속이는 것이다(요일 1:8, 10).

그러면 사도 바울은 우리에게 어떻게 살라고 가르치는가? 그는 이렇게 말하는가? "너희는 결정적이고 돌이킬 수 없을 정도로 새로워졌으니, 더 이상 새로워지고자 사력을 다해 싸울 필요가 없다." 아니면 이렇게 말하는가? "너희는 결정적이고 돌이킬 수 없을 정도로 새로워지지 않았으니, 그리스도 안에 이르기까지 사력을 다해 싸워야 한다." 아니, 둘 다 틀렸다. 그는 이렇게 말할 것이다. "하나님이 그리스도 안에서 너희를 위하시고, 너희는 그리스도 안에서 그의 영광을 위하고 있음을 믿음으로 받아들이라. 믿으라. 그리고 그 확신을 가지고 그리스도께서 이미 너희를 위해 승리하신 영역을 소유하기 위해 싸우라. 그리스도 안에서 변화된 존재로 살아 내기 위해 싸우라." 이 진리에 대한 여덟 가지 예는 다음과 같다.

1. 새로워졌음에 대한 선언: "죄가 너희를 주장하지 못하리니 이는

너희가 법 아래에 있지 아니하고 은혜 아래에 있음이라"(롬 6:14).

새로워지라는 명령: "너희는 죄가 너희 죽을 몸을 지배하지 못하게 하여 몸의 사욕에 순종하지 말고"(롬 6:12).

2. 새로워졌음에 대한 선언: "죄로부터 해방되어 의에게 종이 되었느니라"(롬 6:18).

새로워지라는 명령: "이제는 너희 지체를 의에게 종으로 내주어"(롬 6:19).

3. 새로워졌음에 대한 선언: "우리의 옛 사람이 예수와 함께 십자가에 못 박힌 것은"(롬 6:6).

새로워지라는 명령: "너희도 너희 자신을 죄에 대하여는 죽은 자요…여길지어다"(롬 6:11).

4. 새로워졌음에 대한 선언: "너희가…옛 사람과 그 행위를 벗어 버리고"(골 3:9).

새로워지라는 명령: "너희는 유혹의 욕심을 따라 썩어져 가는 구습을 따르는 옛 사람을 벗어 버리고"(엡 4:22).

5. 새로워졌음에 대한 선언: "[너희가] 새 사람을 입었으니 이는 자기를 창조하신 이의 형상을 따라 지식에까지 새롭게 하심을 입은 자니라"(골 3:10).
새로워지라는 명령: "하나님을 따라 의와 진리의 거룩함으로 지으심을 받은 새 사람을 입으라"(엡 4:24).

6. 새로워졌음에 대한 선언: "누구든지 그리스도와 합하기 위하여 세례를 받은 자는 그리스도로 옷 입었느니라"(갈 3:27).
새로워지라는 명령: "오직 주 예수 그리스도로 옷 입고"(롬 13:14).

7. 새로워졌음에 대한 선언: "그리스도 예수의 사람들은 육체와 함께 그 정욕과 탐심을 십자가에 못 박았느니라"(갈 5:24).
새로워지라는 명령: "정욕을 위하여 육신의 일을 도모하지 말라"(롬 13:14).

8. 새로워졌음에 대한 선언: "너희는 누룩 없는 자인데"(고전 5:7).
새로워지라는 명령: "새 덩어리가 되기 위하여 묵은 누룩을 내버리라"(고전 5:7).

(이미 새로워졌기에) 확신을 가지고 (새로워져야 한다는 요구 때문

에) 절박함을 가지고 살아가는 법을 배우는 것이야말로 그리스도인의 삶의 비결이다. 이것은 사도 바울이 살았던 방식이기도 하다. 그는 이렇게 말했다. "내가 이미 얻었다 함도 아니요 온전히 이루었다 함도 아니라 오직 내가 그리스도 예수께 잡힌 바 된 그것을 잡으려고 달려가노라"(빌 3:12). 그는 이미 그리스도 예수께 잡힌 바 되었다. 그러나 그는 그것을 잡으려고 달려갔다.

우리를 향한 하나님의 뜻은, 온전하지 않다는 이유로 무력감에 좌절하는 것이 아니다. 하나님의 뜻은 우리의 미래가 그분 안에 있을 것이라 확신하며 자유롭게 되고 용기를 내는 것이다. '아직'은 우리를 겸손하게 하고 경계하게 한다. 때로는 그 길이 너무 길게 느껴질 때가 있다. 그러나 '이미'는 우리를 용감하게 하고 확신을 갖게 한다. 또한 우리에게 그 길이 짧다는 것을 확인시켜 준다. 예수님은 이미 그 길을 걸어가셨다. 그리고 그분 안에서 우리는 이미 본향에 있다. 살아가는 동안 우리의 소명은 바로 이것이다. 상한 마음으로 용기를 내라! 통회하며 확신을 가지라! 예수님에 대한 이미지를 기억하라. 그분은 사자이자 어린 양이시다.

존 G. 패튼의
아버지

• 용기를 향한 열쇠 •

1824년 스코틀랜드에서 태어난 존 G. 패튼은 오늘날 남태평양 바누아투로 불리는 뉴헤브리디스 제도의 선교사였다. 82세로 생을 마감하기까지 보여 준 그의 용기 때문에 나는 이 글을 쓴다. 나는 그리스도를 위해 용기 있는 삶을 살고 싶다. 당신도 그런 삶을 살기 바란다. 특히 내 자녀들이 그런 삶을 살기 바란다. 그래서 나는 다른 사람들이 삶에서 보인 용기를 자주 묵상한다. 용기는 어디서 나오는가? 존 패튼이 그토록 용감한 이유를 찾다가 내가 발견한 것은, 그가 아버지에게 가진 깊은 사랑이었다.

그의 자서전에는 경건한 아버지에게 쓴 헌사가 실려 있다.[13] 네 명의 아들과 한 명의 딸을 둔 나는 이 부분을 읽으며 눈물을 흘렸다. 나도 아버지에 대한 그리움으로 가득 찬 적이 많았다.

존의 아버지는 식사를 마치면 늘 "골방"으로 들어가 기도하셨다. 열한 명의 자녀는 그 사실을 알고 있었고, 그 장소를 볼 때마다 경외심을 느끼며 하나님에 대한 심오한 무언가를 배웠다. 특히 존 패튼에게 끼친 영향력은 강렬했다.

생각하지도 못한 재앙으로 다른 모든 종교적 요소가 기억에서 휩쓸려 가고 내 이성에서 지워져 갈 때, 내 영혼은 어린 시절로 돌아가 그 신성한 골방 앞에 다시 섰다. 하나님을 향한 울부짖음이 내 귀에 다시 들리는 듯했다. 내 영혼은 비로소 온갖 의심을 내던지고 다시 승리에 차서 이렇게 외쳤다. "아버지가 하나님과 동행하셨다면, 나라고 못할 것이 뭐 있겠는가?"

…당시 아버지의 기도가 나에게 얼마나 큰 영향을 끼쳤는지에 대해 설명할 수 없다. 아마 다른 사람들은 이해할 수 없을 것이다. 가정예배 시간에 아버지와 우리 모두가 빙 둘러 무릎을 꿇고 앉으면, 아버지는 믿지 않는 세상이 예수님을 예배하는 자리로 돌아오고, 우리 가정의 여러 필요를 채워 주시기를 눈물을 쏟으며 간절히 기도하셨다. 우리는 모두 살아 계신 주님의 임재를 느꼈고, 그분을 알고 사랑하는 법을 배웠다.[14]

존과 아버지의 깊은 사랑을 단적으로 드러내는 한 장면이 있다. 그 장면은 존에게도 큰 감명을 주어 타협하지 않는 용기와 순수함을 유지하는 힘이 되었다. 패튼이 20대가 되어 집을 떠나 글래스고로 가서 신학교에 입학하게 되었다. 그의 고향 토소월드에서 킬마녹에 있는 기차역까지 가려면 64킬로미터를 걸어야 했다. 40년 후에 패튼은 이렇게 기록했다.

아버지와 첫 10킬로미터를 동행하면서 많은 이야기를 나눴다. 작별의 여정 내내 아버지의 이어진 조언과 눈물과 하나님에 대한 대화는 마치 어제 일처럼 생생하게 내 마음속에 남아 있다. 그 장면을 떠올릴 때마다 눈물이 내 뺨을 타고 흐른다. 그다음 10킬로미터를 동행하면서는 거의 아무런 대화도 나누지 않았다. 아버지는 모자를 손에 쥐고 계셨고, 길게 늘어진 노란 머리칼은 어깨 아래까지 내려왔다. (아버지의 노란 머리칼은 훗날 눈처럼 하얘졌다.) 아버지의 입술은 나를 위해 조용히 기도하느라 바삐 움직였고, 눈에는 눈물이 흐르고 있었다. 어쩌다 서로 눈이 마주쳐도 아무런 말이 필요 없는 그런 순간이었다! 마침내 약속한 장소에 도착했다. 아버지는 조용히 내 손을 꼭 잡으시고는 나지막한 목소리로 이렇게 말씀하셨다. "아들아, 하나님이 너를 축복하시기를 바란다. 네 아버지의 하나님이 너를 번성하게 하시고, 모든 악에서 너를 지켜 주실 거야!"

더 말을 잇지 못하고, 아버지는 조용히 나를 위해 기도해 주셨다. 우리는 흐느끼며 서로를 안고는 헤어졌다. 나는 있는 힘껏 달렸다. 그리고 길모퉁이를 돌기 전에 뒤를 돌아보았다. 아버지는 내가 떠난 그 자리에 서서 여전히 나를 지켜보고 계셨다. 나는 모자를 손에 들고 흔들면서 모퉁이를 돌았다. 아버지의 시야에서 벗어났다. 그러나 마음이 너무 아파 더 이상 걸음을 옮길 수 없었다. 나는 길가로 내려가 잠시 흐느껴 울었다. 그런 다음 혹시나 싶어 둑길로 올라갔다. 내가 떠난 그 자리에 아버지가 계시는지 확인하고 싶었다. 둑길로 올라서니 아버지가 보였다. 아버지는 나를 찾고 계셨다! 아버지는 내가 떠난 방향을 응시하셨지만 나를 찾지 못하셨다. 잠시 후 아버지는 고개를 돌려 집으로 걸음을 옮기셨다. 여전히 모자를 손에 들고 계셨고, 아마 마음속으로 나를 위한 기도를 계속하시는 듯 보였다. 나는 시야를 가리는 눈물을 닦으며 아버지가 눈앞에서 사라질 때까지 지켜보았다. 그리고 갈 길을 재촉했다. 하나님이 내게 주신 아버지와 어머니에게 슬픔이나 불명예를 안겨 줄 일은 절대 하지 않겠다고 마음 깊이 다짐하면서.[15]

존에게 아버지의 신앙과 기도, 사랑과 훈육이 준 영향력은 헤아릴 수 없을 정도였다. 이 세상 모든 아버지가 이 글을 읽고 이처럼 사랑하며 살겠다고 굳게 다짐하기를!

"주여, 당신의 뜻대로 명령하시고, 그 명령대로 행하소서"

• 오직 하나님만이 이뤄야 할 일을 이루실 수 있다 •

아우구스티누스의 기도, "주여, 당신의 뜻대로 명령하시고, 그 명령대로 행하소서"(『고백록』, X, 31)는 그의 적대자 펠라기우스를 심히 불쾌하게 했다. 이 기도는 하나님께서 사람이 무엇을 믿고 순종하며 행해야 할지 말씀하실 뿐만 아니라, 그 말씀대로 행할 능력도 주심을 암시한다. 펠라기우스는 이러한 생각이 인간의 책임감을 약화시킨다고 여겼다. 그에게 이러한 생각은 결국 누가 믿고, 믿지 않을지를 하나님이 미리 정해 놓으신 것처럼 느끼게 할 뿐이었다.

하나님의 일하심에 대한 아우구스티누스의 관점은 여러 성경 본문을 통해 형성되었다. 그중 하나가 역대하 30장 1-12절이다. 히스기야는 악한 왕들의 뒤를 이어 왕위에 올랐다. 그는 "주님께서 보시기에 올바른 일을 하였다"(대하 29:2, 새번역). 히스기야가 했던 올바른 일 가운데 하나는 오랫동안 잊혀진 유월절을 다시 기념하는 일이었다. 역대하 30장에 보면, 그는 "온 이스라엘과 유다"에 사람을 보내고, 에브라임과 므낫세 지파에 편지를 보내 여호와의 전에 모여서 유월절을 지키자고 청했다(1절).

히스기야의 편지를 보면, 하나님의 축복은 순전히 백성들의 반응에 달린 것으로 소개된다. 그 내용은 다음과 같다(6-9절).

이스라엘 자손들아 너희는 아브라함과 이삭과 이스라엘의 하나님 여호와께로 돌아오라 '그리하면' 그가 너희 남은 자 곧 앗수르 왕의 손에서 벗어난 자에게 돌아오시리라 너희 조상들과 너희 형제같이 하지 말라 그들은 그의 조상들의 하나님 여호와께 '범죄하였으므로' 여호와께서 멸망하도록 버려 두신 것을 너희가 똑똑히 보는 바니라 그런즉 너희 조상들같이 목을 곧게 하지 말고 여호와께 돌아와 영원히 거룩하게 하신 전에 들어가서 너희 하나님 여호와를 섬겨 그의 진노가 너희에게서 떠나게 하라 너희가 '만일' 여호와께 돌아오면 너희 형제들과 너희 자녀가 사로잡은 자들에게서 자비를 입어 다시 이 땅으로 돌아오리라 너희 하나님 여호와는 은혜로우시고 자비하신지라 너희가 그에게로 '돌아오면' 그의 얼굴을 너희에게서 돌이키지 아니하시리라.

이 성경 구절에서 작은따옴표로 강조한 부분을 주의 깊게 살펴보라. 그 부분은 하나같이 하나님의 축복이 인간의 반응에 달려 있음을 보여 준다. "너희가 '만일' 여호와께 돌아오면…너희가 그에게로 '돌아오면.'" 많은 사람이 이러한 성경 구절을 읽고는 하나님의 축복이 궁극적으로는 우리가 스스로 결정하는 반응에 달려 있다고 결론 내린다. 그중 어떤 이들은 하나님이 우리가 순종하도록 조금은 도와주신다고 인정한다. "선행하는 은혜", 즉 순종보다 앞서 주어지는 은혜를 어느 정도 인정하는 것이다. 하지만 그들은 이렇게 주장한다. "하나님이 결정적으로, 9절에 나오는 요구 조건(너희가 '만일' 여호와께 돌아오면…너희가 그에게로 '돌아오면')을 이행하게 하신다면 진정한 조건이라고 볼 수 없다." 그리고 우리가 어떻게 반응할지를 하나님이 알고 계신다면, 이 조건은 진정한 조건이 될 수 없다고 주장하는 사람들도 있다.

이러한 주장은 대부분의 사람들에게 합리적으로 들릴 것이다. "만일 네가 이렇게 하면, 내가 축복해 줄게"라고 하나님이 말씀하셨다면, 우리가 자기 결정권으로 무엇을 하는지 하나님이 가만히 지켜보시는 것이 합리적으로 보인다. 그래야 하나님은 자신의 결정적인 통제와는 별개로 우리가 하는 행위에 따라 반응하실 수 있다. 그러나 이렇듯 "합리적으로" 보이는 결론과 모순되는 내용이 바로 다음 구절에 나온다.

히스기야의 편지가 이스라엘과 유다 백성에게 도착하자 다음과 같은 일이 일어난다(대하 30:10-12).

> 보발꾼이 에브라임과 므낫세 지방 각 성읍으로 두루 다녀서 스불론까지 이르렀으나 사람들이 그들을 조롱하며 비웃었더라 그러나 아셀과 므낫세와 스불론 중에서 몇 사람이 스스로 겸손한 마음으로 예루살렘에 이르렀고 하나님의 손이 또한 유다 사람들을 감동시키사 그들에게 왕과 방백들이 여호와의 말씀대로 전한 명령을 한마음으로 준행하게 하셨더라.

6-9절을 읽은 사람들은, 하나님이 제시하신 요구 조건을 볼 때 하나님은 사람들이 자기 결정권을 사용하여 그 조건을 충족시키는지 가만히 지켜보실 것이라고 '합리적인' 결론을 내린다. 그러다 12절을 읽고 어안이 벙벙해진다. 12절은 하나님의 손이 유다 사람들에게 히스기야 왕이 명령한 대로 순종할 마음을 주셨다고 말한다. 그리고 12절에 나오는 "또한"이라는 단어를 주목하라. 이 단어는 (유다뿐 아니라) 아셀과 므낫세와 스불론 사람

들의 겸손한 순종 "또한" 하나님의 손으로 이루어진 것임을 암시한다.

여기서 주목해야 할 것은, 성경 저자는 백성의 순종이 하나의 요구 조건이라고 말함과 동시에 하나님이 그들 마음에 이러한 순종을 주셨다고 말하면서도, 어떠한 모순도 느끼지 않는다는 점이다.

아우구스티누스는 성경 곳곳에서 이러한 점을 발견했다. 그래서 다음과 같은 기도를 남겼다. "주여, 당신의 뜻대로 명령하시고, 그 명령대로 행하소서."

이것은 단순히 성경의 모든 요구 조건을 취합하여, 사람이 하나님의 주권적 뜻에 대한 최종적이고 궁극적인 거부권을 부여하는 자기 결정권을 가지고 있다는 주장으로 사용할 수 없음을 의미한다. 물론 우리는 성경이 말하는 것처럼 이 조건들을 강하게 내세워야 한다. (너희가 '만일' 여호와께 돌아오면, 그가 너희를 구원하시리라.) 그러나 우리는 사람에게 이 요구 조건을 충족시킬 궁극적인 자기 결정권이 있다는, "합리적으로" 보이는 추론을 따라서는 안 된다. 성경은 다음의 두 가지를 가르친다. 하나님의 많은 축복이 우리 믿음의 반응에 달려 있다. 그리고 믿음과 순종으로 반응하는 것을 궁극적으로 가능하게 하시는 분은 하나님이시다.

그러므로 우리는 하나님이 우리에게 요구하시는 일을 감당하게 해달라고 기도해야 한다. 사실, 이것이 바로 기도가 필요한 이유다. 오직 하나님만이 이뤄야 할 일을 이루실 수 있다. 죄 많고 반항적이며 굳은 마음을 가진 우리를 그냥 내버려 두면, 우리는 역대하 30장 10절에 나오는 사람들처럼 조롱과 비웃음으로 반응할 것이다.

오, 우리의 일상생활을 향한 하나님의 주권에 대한 교리가 얼마나 적절하고 실용적인가! 역대하 말씀이 가르치고 아우구스티누스가 깨달은 진리를 우리가 깨닫지 못하면 어떻게 될까? 거룩함과 사명을 위해 의지를 발휘해 근면하고 성실하게 노력하다가 그만 자기만족에 빠진 도덕주의자가 되고 말 것이다. 우리는 구원을 이루기 위해 애써야 하며, 이러한 노력은 하나님의 은혜로 말미암은 선물이다. 이 선물은 우리가 쉬지 않고 은혜를 간구하게 하며, 활기차게 사역하도록 도와준다(빌 2:12-13). 바울은 이렇게 고백했다. "그러나 내가 나 된 것은 하나님의 은혜로 된 것이니 내게 주신 그의 은혜가 헛되지 아니하여 내가 모든 사도보다 더 많이 수고하였으나 내가 한 것이 아니요 오직 나와 함께하신 하나님의 은혜로라"(고전 15:10). 나는 많이 수고하였으나, 내가 한 것이 아니다. 이것이 바로 역대하 말씀과 아우구스티누스가 우리에게 가르치는 진리다.

역사를
공부하는 일에
담긴 가치

• 유다서에서 얻는 교훈 •

신약에 나오는 짧은 편지인 유다서는 역사 공부에 담긴 가치를 알려 준다. 이것이 유다서의 핵심 주제는 아니지만, 인상적인 내용이기는 하다.

성경 끝에서 두 번째 자리에 위치한 이 책에서 유다는 "성도에게 단번에 주신 믿음의 도를 위하여 힘써 싸우라"고 권면하기 위해 이 편지를 쓴다고 밝힌다(3절). 유다는 교회에 가만히 들어온 몇몇 사람들을 경계하라고 권면한다. 그들은 "경건하지 아니하여 우리 하나님의 은혜를 도리어 방탕한 것으로 바꾸고 홀로 하나이신 주재 곧 우리 주 예수 그리스도를 부인하는 자"다(4절). 유다는 그 사람들을 아주 생생하게 묘사한다. 그들은 "무엇이든지 자기들이 깨닫지 못하는 것은 욕"한다(10절, 새번역). 또한 "원망하는 자며 불만을 토하는 자며 그 정욕대로 행하는 자"이고 "그 입으로 자랑하는 말을 하며 이익을 위하여 아첨"한다(16절). 그리고 "분열을 일으키는 자며 육에 속한 자며 성령이 없는 자"다(19절).

이는 교회 안으로 "가만히 들어온" 사람들에 대한 아주 충격적인 평가가 아닐 수 없다. 유다는 그들의 실체가 어서 드러나기를 바랐다. 그래야 그들의 잘못된 가르침과 비윤리적 행위로 인해 교회가 속임을 당하거나 몰락하지 않을 것이기 때문이다.

유다는 그들을 역사상 다른 인물들이나 사건들과 비교하는 전략을 취했다. 예를 들어, 그는 이렇게 말한다. "소돔과 고모라와 그 이웃 도시들도 그들과 같은 행동으로 음란하며 다른 육체를 따라 가다가 영원한 불의 형벌을 받음으로 거울이 되었느니라"(7절). 유다는 그들을 소돔과 고모라에 비교한다. 그들처럼 살아갈 때 무슨 일이 일어날지를 소돔과 고모라가 "거울", 즉 본보기가 되었다고 말한다. 유다는 성도들이 소돔과 고모라의 역사를 안다면, 그러한 잘못을 깨닫고 거기서 돌이키도록 돕는 데 유익하다고 생각했다.

11절에도 이와 비슷한 구절이 나오는데, 유다는 세 가지 역사적 사건을 언급하며 그 당시 사건과 비교한다. "화 있을진저

이 사람들이여, 가인의 길에 행하였으며 삯을 위하여 발람의 어그러진 길로 몰려갔으며 고라의 패역을 따라 멸망을 받았도다." 주목할 만한 구절이다. 수천 년 전에 일어난 네 가지 역사적 사건—창세기 19장(소돔), 창세기 4장(가인), 민수기 22-24장(발람), 민수기 16장(고라)—을 언급하는 이유가 무엇일까? 유다가 말하려는 요점이 무엇일까?

여기에는 세 가지 요점이 있다.
1. 유다는 독자들이 이러한 이야기들을 알고 있다고 전제한다! 놀랍지 않은가? 유다서는 1세기에 쓰였다! 책을 가지고 있는 집이 없었다. 성경책을 구할 수도 없었다. 오디오북 같은 것도 없었다. 거의 대부분 사람들에게 구두로 가르칠 뿐이었다. 그런 상황에서 유다는 독자들이 "가인의 길", "발람의 어그러진 길", "고라의 패역"을 알고 있다고 전제한다. 당신은 이 이야기들을 알고 있는가? 이는 정말로 믿기 힘들 정도다! 유다는 독자들이 이 모든 이야기들을 알기를 기대한다. 오늘날 교회는 성경 지식에 대한 기준이 너무 낮다.
2. 유다는 이 역사를 아는 것이 현재 상황을 분명히 해줄 것임을 전제한다. 그리스도인들이 어제의 비슷한 상황을 알

고 있다면, 어그러진 오늘의 상황에 더 잘 대처할 수 있다. 다른 말로 하면, 역사는 그리스도인의 삶에 아주 소중하다. 가인이 동생을 질투하고 미워했으며, 동생이 하나님과 영적으로 진실한 교제를 나눈 것에 분개했음을 안다면, 우리는 형제 사이에 그러한 감정이 있는지 경계하며 살필 수 있다. 발람이 결국 넘어져 하나님의 말씀을 세속적인 부를 얻는 수단으로 사용했음을 안다면, 우리는 그러한 오점을 더 쉽게 발견할 수 있다. 고라가 합법적인 권위를 무시하고 모세의 리더십에 분개했음을 안다면, 우리는 리더처럼 보이는 사람을 싫어하며 당쟁을 일삼는 사람들에게서 자신을 보호하게 된다.

3. 그렇다면 하나님이 어떤 사건을 역사로 기록하게 하신 것은, 현재 그리스도와 그분의 교회를 위해 살아가는 우리로 하여금 더 큰 지혜와 통찰력을 갖게 하시기 위해서가 아닐까?

그러므로 역사를 비난하지 말라. 과거를 멸시하지 말라. 하나님의 섭리와 하나님이 우리에게 수업 교재로 주신 책에서 배우기를 멈추지 말라. 역사에 대한 지식은 현재 우리 삶의 절박함과 귀중함을 절실히 느끼게 해줄 것이다. 멈추지 않는 역사의 흐

름과 비교할 때 현재의 삶이 아주 짧게 느껴지게 하기 때문이다. 이것은 우리가 배워야 할 좋은 교훈이다. 우리의 생명은 안개와 같다. 이러한 진리를 깨달을 때 우리는 더 지혜로워질 것이다. "우리에게 우리 날 계수함을 가르치사 지혜로운 마음을 얻게 하소서"(시 90:12). 날마다 과거에 대한 지식을 얻으라. 그리고 우리 자신과 자녀들에게 과거에 대한 지식을 심어 주자. 미래에 대한 어리석은 생각에서 보호해 줄 최고의 지식이기 때문이다.

분노가
당신과 결혼 생활을
삼키기 전에 분노를 죽이라
• 싸움을 위한 무기 •

결혼 생활에서 분노는 정욕만큼이나 위력이 있다. 나는 분노가 정욕보다 더 경계해야 할 적이라고 생각한다. 분노는 모든 종류의 우정을 파괴한다. 어떤 사람들은 자신이 생각하는 것보다 더 많은 분노를 품고 있다. 분노는 변장에 능하기 때문에 알아채기가 쉽지 않다. 의지력을 발휘하여 격노를 내뿜지는 않더라도, 분노는 표면 아래서 들끓고 영혼은 좌절감으로 이를 간다.

분노는 때때로 눈물과 함께 표현되어 마치 상처받은 것처럼 보일 수 있다. 그러나 마음속으로는 울어 봤자 또다시 상처받으리라는 것을 이미 알고 있다. 다투지 않기로 결심한 사람은 분노를 침묵으로 표현하기도 한다. 분노는 까다로운 비판과 혹독한 훈계 속에 그 모습을 드러내기도 한다. 분노는 원인과 아무 상관 없는 사람에게 맞서는 것으로 표현되기도 한다. 지금껏 부당한 대우를 받았으니 분노에 대한 정당성이라도 얻은 것처럼 느낄 때도 있다. 결국 예수님도 분노하셨고(막 3:5), 바울은 "분을 내어도 죄를 짓지 말[라]"고(엡 4:26) 하지 않았던가.

그러나 타락한 인간에게서 좋은 분노란 찾아보기 어렵다. 야고보가 이렇게 말한 것도 그 때문이다. "사람마다 듣기는 속히 하고 말하기는 더디 하며 성내기도 더디 하라 사람이 성내는 것이 하나님의 의를 이루지 못함이라"(약 1:19-20). 그리고 바울은 이렇게 말했다. "남자들이 분노와 다툼이 없이 거룩한 손을 들어 기도하기를 원하노라"(딤전 2:8). "너희는 모든 악독과 노함과 분냄과 떠드는 것과 비방하는 것을 모든 악의와 함께 버리고"(엡 4:31).

그러므로 인생에서 가장 위대한 싸움 가운데 하나는, 단지 분노의 표현을 억제하는 것이 아니라 "분노를 버리는" 싸움이다. 이 거룩한 싸움에 당신을 초청한다. 본격적인 싸움에 앞서 당신의 무기고에 갖춰야 할 아홉 가지 무기를 소개하겠다.

1. 그리스도는 마땅히 분노하실 수 있었다는 것을 곰곰이 생각해 보라. 그러나 그분은 십자가를 참으심으로 오랜 고난에 대한 본을 보이셨다. "이를

위하여 너희가 부르심을 받았으니 그리스도도 너희를 위하여 고난을 받으사 너희에게 본을 끼쳐 그 자취를 따라오게 하려 하셨느니라"(벧전 2:21).

2. 자신이 얼마나 많은 용서를 받았는지, 얼마나 큰 긍휼을 입었는지 곰곰이 생각해 보라. "서로 친절하게 하며 불쌍히 여기며 서로 용서하기를 하나님이 그리스도 안에서 너희를 용서하심과 같이 하라"(엡 4:32).

3. 자신의 죄악을 곰곰이 생각해 보고, 눈에서 들보를 빼내라. "어찌하여 형제의 눈 속에 있는 티는 보고 네 눈 속에 있는 들보는 깨닫지 못하느냐 보라 네 눈 속에 들보가 있는데 어찌하여 형제에게 말하기를 나로 네 눈 속에 있는 티를 빼게 하라 하겠느냐 외식하는 자여 먼저 네 눈 속에서 들보를 빼어라 그 후에야 밝히 보고 형제의 눈 속에서 티를 빼리라"(마 7:3-5).

4. 몰래 숨어든 분노가 사탄에게 얼마나 쉽게 자리를 내줄지 곰곰이 생각해 보라. 자기 삶에 사탄을 초청하고 싶지는 않을 것이다. "분을 내어도 죄를 짓지 말며 해가 지도록 분을 품지 말고 마귀에게 틈을 주지 말라"(엡 4:26-27).

5. 자신을 제물로 내주는 일이 얼마나 어리석은지를 곰곰이 생각해 보라. 분노가 가져오는 영향력은 백해무익하다. 영적, 정서적, 육체적, 관계적으로 해로울 뿐이다. "스스로 지혜롭게 여기지 말지어다 여호와를 경

외하며 악을 떠날지어다 이것이 네 몸에 양약이 되어 네 골수를 윤택하게 하리라"(잠 3:7-8).

6. 신뢰할 만한 친구에게 당신에게 있는 분노의 죄를 고백하고, 가능하다면 분노를 일으킨 당사자에게 고백하라. 이것은 치유를 향한 위대한 행동이다. "그러므로 너희 죄를 서로 고백하며 병이 낫기를 위하여 서로 기도하라 의인의 간구는 역사하는 힘이 크니라"(약 5:16).

7. 분노라는 열쇠를 사용해 당신의 마음속 교만과 자기 연민이라는 지하 감옥의 문을 열고 그것을 사랑으로 대체하라. "사랑은 오래 참고 사랑은 온유하며 시기하지 아니하며 사랑은 자랑하지 아니하며 교만하지 아니하며 무례히 행하지 아니하며 자기의 유익을 구하지 아니하며 성내지 아니하며 악한 것을 생각하지 아니하며 불의를 기뻐하지 아니하며 진리와 함께 기뻐하고 모든 것을 참으며 모든 것을 믿으며 모든 것을 바라며 모든 것을 견디느니라"(고전 13:4-7).

8. 장래의 은혜를 신뢰할 때, 하나님께서 당신이 처한 절망적인 환경을 통해 결국 당신에게 선을 이루어 주실 것을 기억하라. 당신이 사랑으로 반응한다면, 당신을 분노하게 하는 그 사람조차 당신에게 유익할 것이다. "우리가 알거니와 하나님을 사랑하는 자 곧 그의 뜻대로 부르심을 입은 자들에게는 모든 것이 합력하여 선을

이루느니라"(롬 8:28). "내 형제들아 너희가 여러 가지 시험을 당하거든 온전히 기쁘게 여기라 이는 너희 믿음의 시련이 인내를 만들어 내는 줄 너희가 앎이라 인내를 온전히 이루라 이는 너희로 온전하고 구비하여 조금도 부족함이 없게 하려 함이라"(약 1:2-4).

9. 하나님께서 당신의 진실함을 입증해 주시고, 모든 원한을 풀어 주실 것을 기억하라. 그분은 당신보다 더 좋은 해결책을 갖고 계신다. 당신을 분노하게 한 사람이 지옥에서 그 대가를 치르거나, 그리스도께서 그를 위해 대가를 치르실 것이다. 당신이 직접 보복하는 것은, 일을 더 위험하게 만들거나 십자가를 모욕하는 것이다. "내 사랑하는 자들아 너희가 친히 원수를 갚지 말고 하나님의 진노하심에 맡기라 기록되었으되 원수 갚는 것이 내게 있으니 내가 갚으리라고 주께서 말씀하시니라"(롬 12:19). "욕을 당하시되 맞대어 욕하지 아니하시고 고난을 당하시되 위협하지 아니하시고 오직 공의로 심판하시는 이에게 부탁하시며"(벧전 2:23).

욕된 것으로 심고
영광스러운 것으로
다시 살아나며
• 죽음의 두 가지 측면 •

낭만적인 죽음은 드물다. 자기도 모르게 내뱉는 신음 소리와 고통에 찬 비명 소리가 더 흔하다. 죽음의 불명예는 애처로울 정도다. 영웅적이기보다는 지옥 같을 때가 더 많다. 사도 바울은 죽음의 모멸적인 공격을 묘사하기 위해 두 가지 단어를 사용한다. 첫 번째 단어는 "욕된 것"이다. 그는 우리 육체의 죽음은 한 알의 씨앗이 땅에 심겨지는 것과 같다고 말한다. 어떻게 심겨지는가? "욕된 것으로 심고"(고전 15:43).

내가 대학에 다닐 때, 할머니가 돌아가시자 할아버지 혼자 펜실베이니아에 남게 되었다. 막내아들인 내 아버지가 할아버지를 우리가 사는 사우스캐롤라이나로 모셔 왔다. 할아버지가 오셔서 나는 기뻤고 어머니는 늘 그렇듯 친절하셨다. 시간이 갈수록 할아버지의 상태는 나빠졌고, 아버지가 사역을 위해 집을 비울 때마다 어머니 혼자 할아버지를 돌보는 일이 힘들어졌다.

그래서 할아버지를 요양원에 모시는 가슴 아픈 결정을 내려야 했다. 그곳에서 나는 강인한 공구 제작자였다가 목사로 살아오신 할아버지의 피골이 상접해 가는 모습을 지켜보았다. 할아버지가 살아 계신 모습을 마지막으로 보았던 날이 떠오른다. 그날 나는 아버지와 함께 신학대학에서 집으로 갔다. 그리고 요양원으로 운전해 가면서 우리는 할아버지의 생전 모습을 마지막으로 보는 것은 아닐까 하는 이야기를 나누었다. 정말 그날이 마지막이었다!

요양원에서 할아버지는 기저귀 위에 태아처럼 웅크린 채로 누워 계셨다. 눈을 게슴츠레 뜨고 계셨고, 힘겹게 숨을 몰아쉬셨다. 아버지는 내게 할아버지에 대해 몇 분간 이야기를 하시고는, 아마 거의 들리지 않을 것 같은 할아버지 귀에 입을 대고 크게 기도하자고 제안하셨다. 병실에 있는 다른 분들의 존재는 잊은 채, 우리는 거의 소리치다시피 기도했다. 아버지가 기도를 마치자, 할아버지는 사력을 다해 말씀하셨다. "아멘!" 그것이 할아버지의 마지막 말이었다. 내가 "욕된" 것으로 심겨진 몸을 보았다면, 할아버지의 몸이 그랬다. 그리고 수많은 사람들이 그 같은 죽음을 겪는다.

바울이 죽음의 수치스러운 면을 묘사한 단어가 하나 더 있다. 그는 빌립보서 3장 21절에서 그리스도가 "우리의 비천한 몸을 변화시키셔서, 자기의 영광스러운 몸과 같은 모습이 되게 하실 것"이라고 말한다(새번역). "비천한"이라는 단어는 헬라어 타페이노세오스(*tapeinōseōs*)를 번역한 것이다. 그리스도의 영광스러운 "비천함" 때문에 신약성경에서 이 단어를 미덕으로 변화시키기 전까지, 이 단어는 "굴욕, 가치 저하, 패배" 등 부정적인 의미만 내포하고 있었다.

1883년에 태어난 독일 신약학자 율리우스 슈니빈트(Julius Schniewind)의 전기를 읽은 기억이 난다. 그는 1948년 여름에 중한 병에 걸렸는데, 사람들은 그의 병이 얼마나 심각한지 몰랐다. 한스 요아킴 크라우스(Hans-Joakim Kraus)는 슈니빈트가 마지막으로 가르친 평신도 성경 공부 시간에 참석했는데, 슈니빈트가 자리를 떠나며 신음 소리처럼 내뱉는 소리를 들었다. "소마 타페이노세오스(*Soma tapeinōseōs*)! 소마 타페이노세오스!" 이 구절은 빌립보서 3장 21절에서 왔다. "비천한 몸! 비천한 몸!"

기독교는 죽음을 맞이할 때 우리 몸의 비천함과 굴욕과 수모에 대해 깊이 알고 있다. 예수님의 죽음은 우리의 기대를 영원히 짓밟았다. "그의 모양이 타인보다 상하였고 그의 모습이 사람들보다 상하였으므로"(사 52:14). 제자가 주님보다 뛰어난 경우가 있던가? 우리가 더 나을 것이라고 기대할 이유가 있는가? 예수님의 등은 채찍질로 찢겼고, 얼굴은 맞아서 부었으며, 머리에는 가시관 때문에 피가 흘렀고, 턱은 수염이 뽑히는 바람에 찢어졌고, 손과 발은 못으로 심하게 훼손되었으며, 옆구리는 큰 창에 찔렸다. 그분은 수치스럽게도 벌거벗은 상태였다. 그분은 "큰 소리를 지르시고" 숨을 거두셨다(막 15:37).

그러므로 예수님이 "영광스러운 몸"으로 부활하셔서 다시 죽지 않으셨으니, 그분을 따르는 모든 제자에게 얼마나 귀한 소식인가! 그리고 로마서 6장 5절에 나오는 약속은 또 얼마나 귀한 말씀인가! "만일 우리가 그의 죽으심과 같은 모양으로 연합한 자가 되었으면 또한 그의 부활과 같은 모양으로 연합한 자도 되리라." 고린도전서 15장 43절은 "욕된 것으로 심고 영광스러운 것으로 다시 살아나며"라고 약속한다. 빌립보서 3장 21절은 "우리의 비천한 몸을 변화시키셔서, 자기의 영광스러운 몸과 같은 모습이 되게 하실 것입니다"(새번역)라고 약속한다. 마지막으로, 마태복음 13장 43절은 "그때에 의인들은 자기 아버지 나라에서 해와 같이 빛나리라"고 약속한다.

마지막은
감사를 위한 것,
시작은 믿음을 위한 것

· 성경적인 방식으로 세상을 바라보라 ·

포옹은 가까움과 감정의 정도에 따라서 그저 마음으로만 할 수도 있고, 두 팔로 감싸 안으며 할 수도 있다. 그러나 어느 경우든, 감사는 과거에 선한 뜻이 우리를 도운 것에 대한 벅찬 감정을 가진 사람을 감싸 안아 주고, 믿음은 다가올 미래의 약속이 우리를 도와줄 것에 대한 벅찬 감정을 가진 사람을 감싸 안아 준다.

모든 순간은 나머지 인생의 시작점인 동시에 지나간 과거의 종결점이다. 그렇기에 모든 순간은 감사와 믿음, 이 두 가지 벅찬 감정의 지배를 받아야 한다.

물론 이것은 우리가 세상을 특정한 방식으로 바라볼 때 비로소 가능해진다. 생물학자 리처드 도킨스가 주장하는 방식대로 세상을 본다면, 매 순간을 이러한 방식으로 경험할 수 없을 것이다. 도킨스는 생물학자답게 이 세상을 하나님이 없는 곳으로 보았다. "성공한 시카고의 갱단과 마찬가지로 우리의 유전자는 치열한 경쟁 세계에서…살아남았다.…우리는 살아남은 기계다. 유전자로 알려진 이기적 분자를 보존하기 위해 프로그램화된 로봇인 셈이다."[16]

당신이 이러한 방식으로 세상을 본다면, 세상에는 감싸 안아줘야 할 사람은 없고 생물학적 기계만 있을 뿐이다. 느낄 수 있는 개인적 감정도 없고, 오직 유전자적 프로그램만 있을 뿐이다. 지난 시간을 함께 해온 선한 뜻도 없고, 앞으로 함께할 약속도 없고, 오직 무자비하고 눈먼 유전자적 '이기심'만 있을 뿐이다. 마음이라곤 없는 우월한 힘만 남는다.

그러나 당신이 구스타프 욀러(Gustav Oehler, 독일 튀빙겐의 루터교 구약학자, 1812-1872)와 같은 방식으로 세상을 본다면, 매 순간을 다르게 경험할 것이다. 욀러는 이렇게 말한다. "분명히 구약은 섭리가 모든 것을 아우르고 있다고 가르친다.…구약에서 우연의 영역은 어디에도 없다.…사람들이 우발적인 죽음이라고 부르는 사건조차 하나님의 지시 아래 있다(출 21:12-13)."[17]

이러한 관점에서 과거를 돌아보는 것은 곧 하나님의 섭리를 되돌아보는 것이다. "당신들은 나를 해하려 하였으나 하나님은 그것을 선으로 바꾸사"(창 50:20). 그리고 미래를 내다보는 것은 곧 하나님의 섭리를 내다보는 것이다. "사람이 마음으로 자기의 길을 계획할지라도 그의 걸음을 인도하시는 이는 여호와시니라"(잠 16:9). "참새 두 마리가 한 앗사리온에 팔리지 않느냐 그러나 너희 아버지께서 허락하지 아니하시면 그 하나도 땅에 떨어지지 아니하리라"(마 10:29). "내 평생에 선하심과 인자하심이 반드시 나를 따르리니"(시 23:6).

    이 세상을 성경적인 관점으로 바라본다면—성경적인 세상에 발을 딛고 서서 겸손히 그것을 받아들인다면—매 순간은 과거에 대한 감사와 미래에 대한 믿음의 자리가 될 것이다. 이것의 실제적인 영향력은 위대하다. 예를 들어, 감사는 가장 겸손한 감정이며, 믿음은 가장 용감한 감정이다. 우리가 감사의 눈으로 지난 시간을 돌아보며 끊임없이 겸손해지고, 믿음의 눈으로 앞날을 내다보며 계속해서 용기를 얻는다면, 1년이 지난 후 우리가 어떤 사람이 될지 한번 생각해 보라! 아니, 생각만 하지 말고 온 마음과 뜻을 다해 그것을 추구하라.

순례자로
살아간
조나단 에드워즈

• 다른 무엇보다 그리스도를 귀히 여기기 •

2003년은 조나단 에드워즈가 300번째 생일을 맞는 해였다. 교회사의 거인이자 나의 영웅인 그가 오늘날 교회에 남긴 많은 교훈을 되짚어 볼 좋은 기회였다. 그는 이 세상에서 그리스도를 가장 귀히 여긴 사람들의 특징이라 할 수 있는 순례자의 마음가짐에 대해 많은 교훈을 남겼다. 1733년 9월에는 "기독교 순례자, 그리스도인의 삶이란 천국을 향한 여정"이라는 제목으로 설교했다. 설교의 본문은 히브리서 11장 13-14절이다.

> 이 사람들은 다 믿음을 따라 죽었으며 약속을 받지 못하였으되 그것들을 멀리서 보고 환영하며 또 땅에서는 외국인과 나그네임을

증언하였으니 그들이 이같이 말하는 것은 자기들이 본향 찾는 자임을 나타냄이라.

이 본문에 대한 에드워즈의 해석을 들어보자. 다른 모든 것보다 그리스도를 귀히 여기며, 천국을 향한 여정으로서 이 짧은 인생을 사는 것의 의미를 깨닫게 해줄 것이다.

순례자는 목표에서 벗어나지 않는다.

여행자는…좋은 외관에 현혹되어 여정을 늦추지 않습니다. 그의 머릿속에는 여행의 목적지가 있기 때문입니다. 안락한 숙소를 찾았다고 해서 거기 눌러앉을 생각은 하지 않을 것입니다. 숙소의 시설은 자기 것이 아니며, 자신은 그저 나그네임을 되새길 것입니다. 그는 하룻밤 머물면서 기운을 되찾으면 다시 길을 떠날 것입니다.[18]

순례자는 이 세상의 것에 연연하지 않는다.

그러므로 우리는 이생이 주는 편안함과 즐거움보다 천국을 더 갈망해야 합니다.…우리 마음은 여행길에 오른 사람처럼 이러한 것에 초연해야 합니다. 하나님이 부르시면 언제든 기쁜 마음으로 작

별할 준비가 되어 있어야 합니다.[19]

순례자는 자신이 이루고자 하는 것과 닮아 가야 한다.

우리는 더 거룩한 존재로 천국에 가까이 가기 위해 몸부림쳐야 합니다. 거룩함과 하나님께 순종함에 있어 더욱 천국 시민다워져야 합니다. 하나님의 영광과 그리스도의 아름다움, 그리고 영적인 것의 탁월함을 볼 줄 아는 분명한 시각으로 하나님과 그리스도를 아는 지식에서 자라 가야 합니다. 그럴 때 하나님의 영광을 더 분명히 보게 될 것입니다. 우리는 하나님의 사랑 안에서 계속 자라도록 힘써야 합니다. 그 사랑은 우리 마음에서 점점 커지는 불꽃이 되고, 언젠가 우리는 이 불꽃 가운데 온전히 천국에 오르게 될 것입니다.[20]

순례자는 하나님 아닌 다른 것에 만족하지 않는다.

사리를 분별할 줄 아는 피조물에게 최고의 선은 하나님이십니다. 하나님을 즐거워하는 것은 우리 영혼에 만족을 주는 유일한 행복입니다. 이 땅에서 가장 쾌적한 숙소를 누린다고 해도, 천국에서 하나님을 온전히 즐거워하는 기쁨과는 감히 비교할 수 없을 것입니다. 아버지와 어머니, 남편과 아내, 아이들과 친구들은 한낱 그림자에 불과합니다. 하나님을 즐거워하는 것이야말로 진정한 본질입니다. 하나님이 태양이라면, 이것들은 산란된 빛줄기에 불과합니다. 하나님이 수원지라면 이것들은 개울에 불과합니다. 하나님이 대양이라면 이것들은 물방울에 불과합니다.…그러면 우리의 참된 목표이자 진정한 행복이 아닌 다른 것에 마음을 쏟을 이유가 무엇이겠습니까?[21]

순례자는 종착지에 도착했다고 해서 슬퍼하지 않는다.

우리 인생이 천국을 향한 여정이라 생각하며 산다면, 온갖 속박에서 자유로워지고, 죽음을 좀 더 편안하게 바라보게 될 것입니다. 여행자가 여행의 종착지를 생각하면서 두려움과 공포를 느낄까요? 여행의 막바지에 다다르고 있다는 사실이 그에게 끔찍한 일이겠습니까? 이스라엘 백성은 가나안에 거의 다다랐을 때, 40년 광야 여행을 마친다는 생각에 슬퍼했을까요?[22]

순례자는 자신이 무엇을 추구하는지 깊이 생각한다.

천국을 더 알기 위해 몸부림치십시오. 천국을 알지 못하면, 당신은 저편을 향한 여행자로 인생을 살지 못할 것입니다. 천국의 가치를 깨닫지 못할 뿐만 아니라 천국을 사모하지도 않을 것입니다. 더 좋은 선과 더 친숙해지지 않는다면, 이생의 것에 초연해지는 것이 아주 어려울 것입니다. 그것을 그저 다른 데 종속되었을 때만 사용하고, 더 좋은 선을 위해서라면 내려놓을 준비를 하는 것이 쉽지 않을 것입니다. 그러므로 거룩한 세계에 대해 예민한 감각을 얻기 위해 몸부림치십시오. 그 실체에 대한 굳건한 믿음을 갖고, 당신의 생각 속에서 그 세계와 더 친숙해지기 위해 노력하십시오.[23]

순례자는 함께 여행을 한다.

그리스도인들은 이 여행을 하는 동안 서로 도와야 합니다.…어떤 여행이든 동반자가 아주 중요합니다만 이 여행만큼은 아닐 것입니다. 서로 연합하면서 누구라도 떨어져 나가지 않도록 해야 합니다. 누군가 떨어져 나가면, 서로 지체하게 되기 때문입니다. 온갖 수단을 동원하여 서로가 언덕을 끝까지 오르도록 도와야 합니다. 그럴 때 우리는 더욱 성공적인 여행을 마치고, 영광스러운 아버지 집에서 더욱 즐거이 만날 것입니다.[24]

이것은 자신의 여정을 잘 마친 한 사람에게서 나온 소중한 말들이다. 그는 순례자였다. 어떻게 이생을 안개와 같이 여기고 천국을 영원한 기쁨으로 여겨야 할지를 그에게서 배울 수 있다. 내게 사는 것이 그리스도니 죽는 것도 유익하다. 그러므로 모든 것보다 그리스도를 귀히 여기는 법을 배우자. 다른 모든 것을 쓰레기와 같이 여기는 법을 배우자. 그러면 우리 마음은 여행길에 오른 사람처럼 이것들에 초연해지며, 하나님이 부르시면 언제든 기꺼이 작별할 수 있다.

순례자로 살아간
조나단 에드워즈

폭풍우는
하나님이 남기신
위대한 걸작

• 존 뉴턴의 생애를 생각하며 •

존 뉴턴은 13년간 바다를 누비며 "죄인"으로 살다가 하나님께 구원받고 나서 "나 같은 죄인 살리신"(Amazing Grace)을 작사했다. 그 후 목사가 되어 영국 런던과 올니에서 43년간 맡겨진 영혼들을 신실하게 사랑했다.

뉴턴은 다른 사람들의 삶에 찾아온 절망과 싸우는 위대하고 따뜻한 전사였다. 그는 자신의 구원 문제에 대해 끊임없이 경악했기에 몹시 절망적이었고 죄에서 돌아서는 것이 불가능하다고 생각했다. 구원 문제로 절망한 사람이 있다면 뉴턴이야말로 그런 사람이었다. 그러나 하나님이 그를 구원해 주셨다. 1748년 3월 21일, 바다를 집어삼킨 폭풍우는 어리석은 그를 일깨웠다. 스물세 살의 그날 밤부터 여든두 살로 생을 마감하기까지 그는 그레이하운드(Greyhound)라는 배에서 맞이한 회심의 날을 기념했다. 매년 3월 21일이 되면, 금식하며 기도하고 감사하며 자기 생명을 다시 예수님께 드렸다. 노년에는 이렇게 기록했다. "3월 21일은 잊어서는 안 될 중요한 날이다. 나는 1748년 이후로 이날을 무심하게 보낸 적이 없다. 그날 주님은 높은 곳에서 내려와 나를 깊은 물에서 건져 주셨다."[25]

그가 스스로 남긴 묘비명에는 그의 회심의 놀라움과 과분한 사명이 담겨 있다.

> 존 뉴턴, 성직자, 한때 방탕한 무신론자, 아프리카 노예들의 종, 우리 주이자 구원자 예수 그리스도의 풍성한 긍휼로 보호받고 회복되고 용서받았으며, 그가 한때 없애려 했던 복음을 선포하는 사명을 받은 후 벅스의 올니에서 16년을, 그리고 이 교회에서 여러 해 동안 사역하다.[26]

철저히 비참하고 마음이 굳어 있었으며 주님을 모독했던 상태에서 놀랍게 구원받은 후, 그는 남은 인생을 소망 없는 사람들을 구원하는 일에 헌신했다. 뉴턴의 친구이자 그의 전기를 처음으로 쓴 리처드 세실(Richard Cecil)은 뉴턴에 대한 회고록을 맺으며 젊은이들에게 이렇게 말했다.

> 절망의 오류를 표시하라. 우리는 기도하는 사람은 절망할 수 없다는 것을 알아야 한다. 지옥의 불구덩이에서 빠져 나왔다면 긍휼의 땅 위에 서 있는 것임을 알아야 한다. 우리 눈에 아무것도 안 보일 때도 하나님은 이미 탈출구를 보고 계심을 기억하라. 그분에게 어려운 문제란 없다. 하나님은 우리가 마땅히 의지할 분이시며, 우리가 어려움에 처했을 때 그분을 부르라고 하시며, 구해 주겠다고 약속하신다.[27]

뉴턴은 자신이 태어나기 수백 년 전에 죽은 시인 조지 허버트(George Herbert)를 좋아했다. 1593년 부유한 웰시 가문에서 태어난 그는 세 살에 아버지를 여의고, 1620년에는 대학의 "대표 연설자"가 되었고, 1625년에는 의회 의원이 되었다. 그러나 1630년에 모든 것을 내려놓고 베머튼의 교구 목사가 되었다. 남은 평생 동안 그는 뉴턴처럼, 맡겨진 양떼를 사랑하며 섬겼다. 뉴턴은 허버트의 시를 사랑했다. 그의 시 "가방"(The Bag)의 다음 구절을 읽어 보면, 뉴턴을 이해하게 될 것이다. 두 사람 다 죄인의 마음에서 절망을 몰아내는 놀라운 은혜에 사로잡혀 있었다. 허버트의 시는 뉴턴의 생애와 메시지를 그대로 담고 있다.

가라, 절망이여! 은혜로운 주께서 들으신다.

바람과 파도가 내 배를 공격해도

그가 지키신다. 그가 조종하신다.

배가 심히 출렁거릴 때에도,

폭풍우는 그가 남기신 위대한 걸작.

그가 눈을 감으실지라도, 마음은 그렇지 않으시다.[28]

이는 뉴턴의 경우에도 분명한 진실이었다. 하나님의 폭풍우는 은혜로운 걸작이었다. 때때로 하나님은 택하신 자들에게서 얼굴을 돌리시지만, 마음을 돌리시지는 않는다. 그러므로 "가라, 절망이여!"라고 외친 존 뉴턴과 조지 허버트의 교훈을 마음에 새기자. 예수님의 말씀에 담긴 소중한 진리를 가슴에 품자. "건강한 자에게는 의사가 쓸 데 없고 병든 자에게라야 쓸 데 있나니 내가 의인을 부르러 온 것이 아니요 죄인을 불러 회개시키러 왔노라"(눅 5:31-32). 그리스도 예수 안에 있는 자에게는 더 이상 정죄함이 없다. 바울의 말을 들어 보라. "미쁘다 모든 사람이 받을 만한 이 말이여 그리스도 예수께서 죄인을 구원하시려고 세상에 임하셨다 하였도다 죄인 중에 내가 괴수니라"(딤전 1:15). 그리고 우리에게 큰 소망을 안겨 줄 히브리서 6장 18절을 보라. "이는 하나님이 거짓말을 하실 수 없는 이 두 가지 변하지 못할 사실로 말미암아 앞에 있는 소망을 얻으려고 피난처를 찾은 우리에게 큰 안위를 받게 하려 하심이라."

3부

묵상

우리를 향하신
하나님의 놀라운 사랑을
깊이 묵상하다

하나님의 말씀에 찔리다

• 히브리서 4:12 묵상 •

하나님의 말씀은 살아 있고 활력이 있어 좌우에 날선 어떤 검보다도 예리하여 혼과 영과 및 관절과 골수를 찔러 쪼개기까지 하며 또 마음의 생각과 뜻을 판단하나니.

우리는 자신을 잘 알아야 한다. 우리는 구원받았는가? 그리스도 안에 살고 있는가? 사람의 영혼에 영생을 창조하고 인지하며 확인시켜 주는 도구는 오직 하나, 하나님의 말씀뿐이다. 그러므로 하나님의 말씀에 대해 설명하는 히브리서 4장 12절은 아주 중요하다. 이 구절을 자세히 살펴보자.

"하나님의 말씀"

"하나님의 말씀"이라는 용어는 선지자를 통하지 않고 하나님이 직접 하신 말씀을 의미할 수 있다. 그러나 신약에서는 하나님을 대신하여 인간이 한 말이나 메시지를 의미한다. 예를 들어, 히브리서 13장 7절은 이렇게 말한다. "하나님의 말씀을 너희에게 일러 주고 너희를 인도하던 자들을 생각하며 그들의 행실의 결말을 주의하여 보고 그들의 믿음을 본받으라." 그러므로 히브리서 4장 12절에 나오는 "하나님의 말씀"은 성경에 계시된 하나님의 진리를 말하며, 사람들이 하나님의 도우심에 의지하여 그 진리를 이해하고 적용하고자 서로에게 말한 것을 의미한다.

"살아 있고 활력이 있어"

하나님의 말씀은 죽은 말씀이거나 무효한 말씀이 아니다. 하나님의 말씀에는 생명이 있다. 그 안에 생명이 있기 때문에 영향을 끼친다. 진리에는 힘이 있다. 하나님이 진리를 드러내실 때, 그것은 모든 생명과 능력의 근원이신 하나님에게 연결시켜 준다. 하나님은 자신의 말씀을 사랑하신다. 말씀을 매우 좋아하신다. 하나님은 자신의 임재와 능력으로 말씀을 존귀하게 만드신다. 우리의 가르침과 증거가 권위 있고 영향을 끼치기 바란다면, 계시된 하나님의 말씀에 더 가까이 머물러야 한다.

"좌우에 날선 어떤 검보다도 예리하여 혼과 영과 및 관절과 골수를 찔러 쪼개기까지 하며"

살아 있고 영향력 있는 말씀은 무슨 일을 하는가? 말씀은 찌른다. 어떤 목적으로 찌르는가? 쪼개기 위해 찌른다. 무엇을 쪼개는가? 혼과 영을 쪼갠다. 이것은 무엇을 뜻하는가?

저자는 하나의 비유를 들고 있다. 관절과 골수를 찔러 쪼개는 것과 같다고 비유한다. 관절은 두껍고 딱딱한 뼈의 바깥 부분이고, 골수는 부드럽고 연약한 뼈의 안쪽 부분이다. 저자는 "혼과 영"을 관절과 골수에 비유한다. 하나님의 말씀은 예리한 검 같아서, 딱딱하고 거친 뼈의 바깥 부분을 뚫고서 부드럽고 생생한 뼈의 안쪽 부분까지 들어갈 수 있다고 한다. 덜 예리한 검으로 뼈를 찌르면 빗나가고 뚫고 들어가지 못할 것이다. 혹은 딱딱하고 두꺼운 부분을 어느 정도 찌를 수 있어도 골수까지 닿지는 못할 것이다. 그러나 양날이 예리하고 강력한 검은 골수까지 깊이 찌를 것이다.

"혼과 영"은 "관절과 골수"와 같다. "혼"은 우리 삶의 보이지 않는 영역으로, 선천적으로 타고난 우리 존재를 말한다. "영"은 초자연적인 거듭남을 통해 얻게 된 우리 존재를 말한다. 예수님은 이렇게 말씀하셨다. "육으로 난 것은 육이요 영으로 난 것은 영이니"(요 3:6). 우리 안에서 일깨우고 창조하며 새롭게 하시는 성령의 역사가 없으면 우리는 "영적"(spiritual) 존재가 아니라 "육에 속한"(natural) 존재일 뿐이다(고전 2:14-15). 다시 말해, "영"은 새롭게 하시는 성령의 역사가 일어나는 우리 존재의 보이지 않는 영역이다.

그러면 "하나님의 말씀"이 "혼과 영을 찔러 쪼갠다"는 말의 요점은 무엇일까? 이는 하나님의 말씀이 우리의 참된 자아를 우리에게 드러내는 것을 말한다. 우리는 영에 속한 존재인가, 아니면 육에 속한 존재인가? 우리는 하나님으로부터 나서 영적으로 살아 있는가, 아니면 우리 자신을 속인 채 영적으로 죽어 있는가? "우리 마음의 생각과 뜻"은 영적인 생각과 뜻인가, 아니면 그저 육적인 생각과 뜻인가? 히브리서 4장 12절에서 말하듯, 오직 "하나님의 말씀"만이 "마음의 생각과 뜻을 판단"할 수 있다.

실제로 "하나님의 말씀"을 읽거나 들을 때 우리는 찔리는 것 같은 느낌을 받는다. 말씀이 우리를 찔러 우리 안에 영이 있는지, 아니면 영이 없는지를 드러낸다. 우리 뼈에는 골수와 생명이 있는가? 골수는 없고 그저 뼈대만 남아 있는가? "영"이 있는가, 아니면 그저 "혼"만 있는가? 하나님의 말씀은 우리를 깊이 찔러 우리의 생각과 동기와 자아에 대한 진실을 드러내 보여 준다.

하나님의 말씀, 즉 성경에 자신을 내어 드리라. 성경을 통해 당신 자신에 대해 알고, 당신 안에 있는 영적 생명을 붙들라. 생명이 있다면 사랑과 기쁨, 그리고 말씀에 순종하려는 마음이 있을 것이다. 말씀에 자신을 내어 드릴 때 당신의 말은 다른 이들을 향한 하나님의 말씀이 되어, 그들의 영적 상태를 드러낼 것이다. 그 다음에는 말씀이 낸 상처에 말씀의 향유를 부으라.

그리스도께서
고통을 당하고
죽으신 것은

• 갈라디아서 1:4 묵상 •

그리스도께서 하나님 곧 우리 아버지의 뜻을 따라 이 악한 세대에서 우리를 건지시려고 우리 죄를 대속하기 위하여 자기 몸을 주셨으니.

우리는 죽음을 맞이하기 전이나 예수님이 다시 오셔서 그 나라를 세우시기 전까지 "이 악한 세대" 속에서 살아야 한다. 그러므로 "이 악한 세대에서 우리를 건지시려고" 그리스도께서 자기 몸을 주셨다는 말씀은 우리를 이 세상에서 데려가시겠다는 의미가 아니라 세상에 있는 악의 세력으로부터 구하시겠다는 의미다. 예수님은 우리를 위해 이렇게 기도하셨다. "내가 비옵는 것은 그들을 세상에서 데려가시기를 위함이 아니요 다만 악에 빠지지 않게 보전하시기를 위함이니이다"(요 17:15).

예수님이 "악"으로부터 구하는 기도를 하신 이유는 "이 악한 세대" 동안 속이고 파괴할 자유가 사탄에게 주어졌기 때문이다. 성경은 "온 세상은 악한 자 안에 처한 것"(요일 5:19)이라고 말한다. 이 "악한 자"는 "이 세상의 신"이라 불리며, 그의 주된 전략은 사람들이 진리에 눈뜨지 못하게 하는 것이다. "이 세상의 신이 믿지 아니하는 자들의 마음을 혼미하게 하여 그리스도의 영광의 복음의 광채가 비치지 못하게 함이니"(고후 4:4).

우리가 자신의 어두워진 영적 상태를 깨닫기 전까지는 "이 악한 세대"와 그 통치자를 따르며 살아간다. "너희는 그 가운데서 행하여 이 세상 풍조를 따르고 공중의 권세 잡은 자를 따랐으니 곧 지금 불순종의 아들들 가운데서 역사하는 영이라"(엡 2:2). 이 사실을 알지 못한 채로 우리는 마귀의 종으로 살았다. 자유라고 느꼈던 것이 사실은 속박이었다. 성경은 21세기의 유행과 재미, 각종 중독을 향해 이렇게 말한다. "그들에게 자유를 준다 하여도 자신들은 멸망의 종들이니 누구든지 진 자는 이긴 자의 종이 됨이라"(벧후 2:19).

성경은 자유에 대해 이렇게 목소리를 높인다. "너희는 이 세대를 본받지 말고 오직 마음을 새롭게 함으로 변화를 받아"(롬

12:2). 즉 자유하라는 것이다. 이 세대의 지도자에게 속지 말라. 그들은 오늘 이곳에 있으나 내일이면 사라질 것이다. 우리를 사로잡는 유행은 내일이면 또 달라질 것이다. 30년 후에는 오늘날의 문신이 더 이상 자유의 상징으로 느껴지지 않을 것이다. 오히려 이 세대를 본받았던 것을 계속해서 기억나게 할 것이다.

이 세대의 지혜는 영원의 관점에서 보았을 때 어리석을 뿐이다. "아무도 자신을 속이지 말라 너희 중에 누구든지 이 세상에서 지혜 있는 줄로 생각하거든 어리석은 자가 되라 그리하여야 지혜로운 자가 되리라 이 세상 지혜는 하나님께 어리석은 것이니…십자가의 도가 멸망하는 자들에게는 미련한 것이요"(고전 3:18-19, 1:18). 그러면 이 세대 가운데 하나님의 지혜는 무엇인가? 예수 그리스도의 위대한 죽으심, 즉 우리를 죄에서 자유롭게 하는 그리스도의 죽으심이다. 예수님의 제자들은 이렇게 말했다. "우리는 십자가에 못 박힌 그리스도를 전하니…그리스도는 하나님의 능력이요 하나님의 지혜니라"(고전 1:23-24).

그리스도께서 십자가로 가셨을 때, 사로잡힌 수많은 자들을 자유롭게 해주셨다. 그분은 마귀의 속임수를 폭로하고 그 권세를 깨뜨리셨다. 이는 예수님이 십자가에 달리기 전날 밤에 "이제…이 세상의 임금이 쫓겨나리라"(요 12:31)고 말씀하신 것에 담긴 의미였다. 이미 패배한 적을 따르지 말라. 그리스도를 따르

라. 물론 대가가 따를 것이다. 이 세대에서 나그네로 살아야 할 것이다. 그러나 자유를 누릴 것이다.

그리고 이 모든 일의 끝이 멀지 않았다. "사랑하는 자들아 주께는 하루가 천 년 같고 천 년이 하루 같다는 이 한 가지를 잊지 말라"(벧후 3:8). 인생은 안개와 같다. 2천 년이라 해도 하나님께는 안개와 같을 뿐이다. "인생은 그날이 풀과 같으며 그 영화가 들의 꽃과 같도다 그것은 바람이 지나가면 없어지나니 그 있던 자리도 다시 알지 못하거니와"(시 103:15-16). C. T. 스터드 선교사는 이렇게 말했다. "오직 한 번뿐인 인생은 머지않아 과거가 될 것이며, 오직 그리스도를 위해 한 일만 영원히 남을 것이다." 그리스도께서 죽으시고 부활하심으로 우리를 이 악한 세대에서 자유롭게 하셨음을 깨닫지 못한다면, 이 얼마나 비극적인 일인가! 돌아보면 "헛되다"고 고백할 수밖에 없는 모든 것에서 그분은 우리를 자유롭게 하셨다.

그러므로 그리스도의 복음을 붙잡으라. 그리스도의 복음만이 안개와 같은 인생을 영원한 생명으로 변화시킨다. "그러므로 모든 육체는 풀과 같고 그 모든 영광은 풀의 꽃과 같으니 풀은 마르고 꽃은 떨어지되 오직 주의 말씀은 세세토록 있도다 하였으니 너희에게 전한 복음이 곧 이 말씀이니라"(벧전 1:24-25).

율법은
우리가 죄를 깨닫도록
어떻게 돕는가?
• 로마서 7:7-8 묵상 •

그런즉 우리가 무슨 말을 하리요 율법이 죄냐 그럴 수 없느니라 율법으로 말미암지 않고는 내가 죄를 알지 못하였으니 곧 율법이 탐내지 말라 하지 아니하였더라면 내가 탐심을 알지 못하였으리라 그러나 죄가 기회를 타서 계명으로 말미암아 내 속에서 온갖 탐심을 이루었나니 이는 율법이 없으면 죄가 죽은 것임이라.

먼저 로마서 7장 7-8절의 배경을 살펴보자.

1. 바울은 율법에 대해 다소 부정적인 내용을 말하고 나서 율법을 변호한다(예를 들어, 너희는 율법에 대해 죽임을 당했다[7:4], 죄의

정욕은 율법으로 말미암는다[7:6], 율법이 들어온 것은 범죄를 더하게 하려 함이다[5:20]).

2. 그가 변호하는 내용은 다음과 같다. 율법 자체는 죄가 아니며, 죄를 죄로 드러낸다. 때로는 죄를 불타오르게 한다. 그러고 나서 죄를 질책한다.

3. 우리가 알아야 할 우리의 죄 아래에는 죄 된 상태가 있다. 바울은 "죄가…내 속에서 온갖 탐심을 이루었나니"(8절)라고 말한다. 즉, 탐하는 죄는 "죄"라는 상태에서 비롯된다. 이러한 상태를 "부패" 또는 "타락" 또는 (그리스도인들에게) "남아 있는 부패"라 할 수 있다.

4. 바울은 탐심에 대한 명령을 이용하여 율법이 죄 된 우리의 상태를 어떻게 드러내는지 설명한다.

5. "탐심"은 간단히 말해 우리에게 금지된 욕망을 의미한다. 근본적으로, 나쁜 욕망을 악하게 만드는 것은 예수님 안에서 하나님이 우리에게 주신 모든 것을 만족하지 못하는 데서 나오기 때문이다. 하나님 안에서 자족함을 잃어버린 상태에서 나오는 욕망은 악하다.

6. 하나님의 법이 들어와 우리의 일부 욕망을 금하기 전까지("너희는 탐하지 말지니라"), 우리의 욕망은 죄가 아니라 황제의 요구처럼 다가온다. 욕망은 마치 합법적인 권한을 가진 것처럼 군

다. 하나님의 법이 들어와 이 반항하는 "법"과 맞서기 전까지 우리는 욕망을 죄로 경험하지 않는다("율법이 없으면 죄가 죽은 것임이라"[7:8]). "난 그게 갖고 싶어. 그러니까 가져야만 해." 이것은 천성이다. 하나님의 법이 금하기 전까지 욕망은 곧 그 대상을 누릴 자격을 의미한다. 어린아이들을 보면 이것을 분명히 알 수 있다. 아이들은 자기 욕망이 곧 법이 아니라는 것을 배우기까지 큰 고통을 겪어야 한다.

7. 이것은 우리의 근본적인 죄 된 상태를 가리킨다. 하나님으로부터 독립하고 싶고, 하나님에게 반항하고 싶어 한다. 근본적으로 우리는 자신이라는 신에게 헌신하며, 이것은 우리의 죄 된 상태를 드러낸다. 내가 인생의 최종 권위를 가질 거야. 내게 무엇이 옳고 그른지, 무엇이 좋고 나쁜지, 무엇이 진실이고 거짓인지 내가 결정할 거야. 내 욕망은 내 주권, 내 자주성, 그리고—비록 이런 표현을 사용하지는 않겠지만—내가 신이라고 여기는 것을 표현한다.

이렇듯 하나님으로부터 독립한 상태에서 모든 종류의 탐심이 나온다. "모든"이라는 단어에서 알 수 있듯, 탐심이 얼마나 기만적으로 자신을 표현하는지 모른다. 이 사실을 깨닫지 못하면, 우리는 자신이나 죄에 대해 깨달을 수 없다.

일반적으로 율법은 두 종류의 나쁜 욕망(탐심)을 불러일으킨다. 이것은 독립심과 자만에 대한 우리의 열정을 드러낸다.

1. 먼저 율법은 금지된 것들을 향해 더 분명한 욕망을 불러일으킨다. 잠언 9장 17절은 이렇게 말한다. "도둑질한 물이 달고 몰래 먹는 떡이 맛이 있다 하는도다." 성 아우구스티누스는 자신의 젊은 시절에 대해 이렇게 고백했다. "나는 훔치고 싶었고, 실제로 훔치기도 했다. 하지만 무언가가 부족해서가 아니었다. 아마도 정의에 대한 의식이 부족했기 때문이리라. 그리고 올바른 것에 대한 혐오와 악한 것에 대한 탐욕스러운 사랑 때문이리라.…나는 내가 탐하다가 훔친 것들을 즐긴 적이 없었다. 그저 훔치는 것 자체를, 그리고 죄 자체를 즐겼다."[29] 계명은 금지된 것에 대한 욕망을 불러일으킨다. 이는 우리 스스로 신이 되고 싶어 하는 뿌리 깊은 사랑과, 복종에 대한 혐오 때문에 생겨난다.

2. 율법이 불러일으키는 또 다른 형태의 나쁜 욕망은, 자기 힘으로 율법을 지키고자 하는 욕망이다. 이것은 자신의 도덕적 기량을 높이는 것으로 이어진다. 앞에서 말한 욕망과는 상당히 다르지 않은가? 훔치거나, 살인하거나, 간음하거나, 거짓말하지 않는다. 그 대신 자기 의를 가질 뿐이다. 물론 율법을 지키

는 것이 나쁘다는 의미는 아니다. 어린아이처럼 하나님께 의지하는 것이 아니라 자기 힘으로 율법을 지키고 싶어 하는 욕망이 문제다. 하나님의 영광이 아니라 나의 영광을 갈망한다는 것이 문제다. 이것은 탐욕의 미묘한 형태다.

그러니 자신을 알라! 자신이 저지른 죄를 알아야 한다. 반역하며 불복하고 있는 죄 된 자신의 상태를 알아야 한다. 이러한 깨달음을 통해 (또다시) 은혜로 의롭게 하는 복음 앞으로, 십자가 앞으로 나아가라. 그럴 때 우리는 그리스도를 높일 수 있고, 우리 영혼은 치유를 받고, 우리의 모든 관계는 부드러워질 것이다.

하나님께
의문을
제기하려면
• 로마서 9:19–20 묵상 •

혹 네가 내게 말하기를 그러면 하나님이 어찌하여 허물하시느냐 누가 그 뜻을 대적하느냐 하리니 이 사람아 네가 누구이기에 감히 하나님께 반문하느냐 지음을 받은 물건이 지은 자에게 어찌 나를 이같이 만들었느냐 말하겠느냐.

바울은 하나님에 대한 자신의 가르침에 이처럼 반응하는 데 불쾌했을 것이다. 그러면 그는 성경적 가르침에 대해 반문하는 것이 언제나 잘못되었다고 말하려는 것인가? 나는 그렇게 생각하지 않는다.

　바울이 다소 논쟁을 일으킬 만한 이야기를 할 때가 있다. 베드로는 바울의 편지가 때때로 이해하기 어렵다고 인정한다. "또 그 모든 편지에도 이런 일에 관하여 말하였으되 그중에 알기 어려운 것이 더러 있으니 무식한 자들과 굳세지 못한 자들이 다른 성경과 같이 그것도 억지로 풀다가 스스로 멸망에 이르느니라"(벧후 3:16). 바울은 "하나님께서 하고자 하시는 자를 긍휼히 여기시고 하고자 하시는 자를 완악하게 하시느니라"고 말했다(롬 9:18). 이 말의 요점은, 우리가 완악해지느냐 그렇지 않느냐 하는 것은 결국 하나님의 결정에 달려 있다는 것이다. "그 자식들이 아직 나지도 아니하고 무슨 선이나 악을 행하지 아니한 때에" 하나님이 야곱은 긍휼히 여기시고, 에서는 완악한 상태로 내버려 두셨다(롬 9:11-13).

이 말을 듣고 누군가 19절처럼 반문한 것이다. "그러면 하나님이 어찌하여 허물하시느냐 누가 그 뜻을 대적하느냐." 그러자 바울은 이렇게 대답한다. "이 사람아, 지음을 받은 인간에게는 하나님께 반문할 권리가 없다."

"반문하다"(antapokrinomenos)는 단어는 신약의 다른 본문에 오직 한 번 나오는데, 누가복음 14장 5-6절이다. 예수님은 서기관들에게 안식일에 치유하는 것이 적법함을 보이고 계셨다. 그분은 그들에게 이렇게 질문하셨다. "너희 중에 누가 그 아들이나 소가 우물에 빠졌으면 안식일에라도 곧 끌어내지 않겠느냐" 그러자 그들이 "이에 대하여 대답하지(antapokrithēnai) 못하니라."

그들은 어떤 의미에서 대답하지 못했는가? 그들은 예수님이 잘못되었다는 것을 보일 수 없었다. 정당한 방법으로는 그분을 비판할 수 없었다. 예수님의 말씀을 진실로 반박할 수 없었다. 그러므로 "반문하다"는 단어는 다음과 같은 뜻을 가진 것으로 보인다. "비판하거나 반박하거나 지적하는 관점으로 반문하다."

내 생각에 로마서 9장 20절에서 이러한 태도가 바울의 심기를 불편하게 한 것 같다. 이 구절은 모든 종류의 질문을 거부하지 않는다. 질책하거나 비난하거나 비판하는 것이 아니라 더 이해하고 싶은 마음에서 던지는 질문, 겸손히 배우려는 질문은 받아들여질 가능성을 열어 놓는다.

예를 들어, 누가복음 1장 31절에서 천사 가브리엘이 마리아를 찾아와 이렇게 말한다. "보라 네가 잉태하여 아들을 낳으리니 그 이름을 예수라 하라." 아주 큰 충격을 받은 마리아는 당황한다. 처녀가 어떻게 아들을 낳을 수 있단 말인가. 마리아는 비웃으며 논쟁을 벌일 수 있었다. 하지만 그녀는 이렇게 말한다. "나는 남자를 알지 못하니 어찌 이 일이 있으리이까"(눅 1:34). 마리아는 도저히 이런 일이 일어날 수 없다고 말하지 않았다. 이런 일이 "어떻게" 일어나는지를 물었다.

이는 가브리엘이 세례 요한의 아버지 사가랴를 방문했을 때와 대조를 이룬다. 천사가 나타나 사가랴에게 말했다. "네 아내 엘리사벳이 네게 아들을 낳아 주리니 그 이름을 요한이라 하라"(눅 1:13). 그러나 사가랴는 자신과 아내 엘리사벳이 나이가 많아서 잉태할 수 없다는 사실을 알고 있었다(눅 1:7). 마리아와 달리, 그는 의심하며 다른 질문을 던졌다. "내가 이것을 어떻게 알리요"(눅 1:18). 그는 "어떻게 이런 일을 이루실 것입니까?"라고 묻지 않았다. "이런 일을 하실 것을 내가 어떻게 알겠습니까?"라고 물은 것이다.

가브리엘은 이 질문이 마음에 들지 않았다. 그는 이렇게 대답했다. "나는 하나님 앞에 서 있는 가브리엘이라 이 좋은 소식을 전하여 네게 말하라고 보내심을 받았노라 보라 이 일이 되는 날까지 네가 말 못하는 자가 되어 능히 말을 못하리니 이는 네가 내 말을 믿지 아니함이거니와 때가 이르면 내 말이 이루어지리라"(눅 1:19-20).

하나님이 어떤 일을 행하시는 이유와 방법을 겸손하게 배우기 위해 하는 질문은 하나님이 받으실 만하다. 하나님은 마리아에게 아주 도움이 되는 대답을 주셨다. "성령이 네게 임하시고 지극히 높으신 이의 능력이 너를 덮으시리니(눅 1:35). 이 대답이 모든 의문을 해소한 것은 아니지만 그래도 분명 도움이 되었다.

나는 로마서 9장에서 느끼는 모든 의문을 해소하지는 못했다. 그러나 우리가 지금껏 깨달은 것보다 앞으로 알아야 할 것이 더 많다. 또한 나는 당신이 하나님의 마음과 생각에 더 가까이 나아가는 것을 주저하지 않기를 바란다. 단, 하나님이 말씀하시는 바를 기꺼이 인정하려는 태도와 유순함으로 나아가라. 비록 하나님의 말씀이 당혹스러울 때라도 말이다.

기도하는 시간이 말대꾸하는 시간이 되지 않게 주의하라. 하나님께 성내거나 비난하지 말라. 머지 않아 우리는 당혹스러운 이 짧은 생애를 마치게 될 것이다. "우리가 지금은 거울로 보는 것같이 희미하나 그때에는 얼굴과 얼굴을 대하여 볼 것이요 지금은 내가 부분적으로 아나 그때에는 주께서 나를 아신 것같이 내가 온전히 알리라"(고전 13:12). 당신이 느끼는 혼란에 대해 하나님 앞에 정직해야 한다. 그러나 자꾸 투덜거리게 된다면 손으로 입을 막아도 좋다. 온갖 불평을 늘어놓기보다는 차라리 조용히 앉아 그분의 설명을 기다리라. "나의 영혼아 잠잠히 하나님만 바라라 무릇 나의 소망이 그로부터 나오는도다"(시 62:5).

눈은
몸의
등불이요

마태복음 6:19-24 묵상

너희를 위하여 보물을 땅에 쌓아 두지 말라 거기는 좀과 동록이 해하며 도둑이 구멍을 뚫고 도둑질하느니라 오직 너희를 위하여 보물을 하늘에 쌓아 두라 거기는 좀이나 동록이 해하지 못하며 도둑이 구멍을 뚫지도 못하고 도둑질도 못하느니라 네 보물 있는 그곳에는 네 마음도 있느니라 눈은 몸의 등불이니 그러므로 네 눈이 성하면 온몸이 밝을 것이요 눈이 나쁘면 온몸이 어두울 것이니 그러므로 네게 있는 빛이 어두우면 그 어둠이 얼마나 더하겠느냐 한 사람이 두 주인을 섬기지 못할 것이니 혹 이를 미워하며 저를 사랑하거나 혹 이를 중히 여기고 저를 경히 여김이라 너희가 하나님과 재물을 겸하여 섬기지 못하느니라.

이 본문은 샌드위치 구조로 되어 있다. 보물을 하늘에 쌓아 두라는 명령(19-21절)과 하나님과 돈을 함께 섬길 수 없다는 경고(24절) 사이에 눈은 몸의 등불이라는 다소 이상한 교훈이 나온다. "눈이 성하면 온몸이 밝을 것이요, 눈이 나쁘면 온몸이 어두울 것이다." 즉, 우리가 현실을 어떻게 보느냐에 따라 어둠 속에 있는지 빛 속에 있는지가 결정된다는 것이다.

그렇다면 성한 눈과 나쁜 눈의 교훈이 돈에 관한 가르침 사이에 들어간 이유는 무엇일까? 내 생각에는 돈, 그리고 돈으로 살 수 있는 모든 것과 관련해 하나님을 어떻게 보느냐가 눈이 성한지를 판가름하는 잣대가 되기 때문에 그런 것 같다. 샌드위치의 고기와 같은 22-23절을 사이에 두고 양쪽 말씀이 모두 이 주제를 다루고 있다. 19-21절의 핵심은 이것이다. "우리는 이 땅의 보상이 아니라 하늘의 보상을 갈망해야 한다." 간단히 말해, 돈이 아니라 하나님을 갈망하라는 것이다. 24절의 핵심은 우리가 두 주인을 섬기는 게 가능하냐는 것이다. 그 대답은 하나님과 돈을 동시에 섬길 수 없다는 것이다.

이것은 빛에 대한 이중 묘사다! 우리가 땅이 아니라 하늘에 보화를 쌓아 두고 있다면 빛 안에 있는 것이다. 돈이 아니라 하나님을 섬기고 있다면 빛 안에 있는 것이다.

예수님은 두 번에 걸쳐 빛에 대해 묘사하면서 눈이 몸의 등불이며, 눈이 성하면 밝은 빛을 낸다고 말씀하셨다. 그러면 빛을 내는 성한 눈과 어두움을 가져오는 나쁜 눈은 무엇일까?

이에 대한 실마리는 마태복음 20장 15절에서 찾을 수 있다. 이 비유를 보면, 한 시간 일한 일꾼이 하루 종일 일한 일꾼과 같은 품삯을 받는다. 후한 주인을 만난 데다 그들이 모두 그 품삯을 받기로 동의했기 때문이다. 하루 종일 일한 일꾼들은 한 시간 일한 일꾼들이 너무 많은 품삯을 받았다고 불평한다. 이에 대한 주인의 놀라운 반응이 마태복음 6장 23절과 연결된다. "내가 선하기 때문에 네 눈에 거슬리느냐?"(Is your eye bad because I am good?, ESV 난외주)

그들의 눈은 어떤 면에서 나쁠까? 그들은 두 눈을 멀쩡히 뜨고 있었지만 주인의 긍휼에 담긴 아름다움을 놓치고 말았다. 주인은 한 시간 일한 일꾼들도 후히 대우해 주었다. 하루 종일 일한 일꾼들은 그러한 처사가 눈에 거슬렸다. 그들은 현실을 있는 그대로 보지 못했다. 자비가 돈보다 소중함을 볼 수 있는 눈을 갖지 못했다.

나쁜 눈에 대한 이러한 이해를 가지고 마태복음 6장 23절로 되돌아와 성한 눈의 의미를 알아 보자.

눈은 몸의 등불이니 그러므로 네 눈이 성하면 온몸이 밝을 것이요 눈이 나쁘면 온몸이 어두울 것이니 그러므로 네게 있는 빛이 어두우면 그 어둠이 얼마나 더하겠느냐.

우리의 온몸을 밝게 하는 성한 눈이란 무엇인가? 성한 눈은 주인의 너그러움이 돈보다 소중하다는 것을 보는 눈이다. 돈이 아니라 하나님과 그분의 방식이야말로 우리 인생에서 가장 큰 보물이라는 것을 보는 눈이다.

시선을 하늘에 두고 그곳에서 하나님과 함께하는 보상을 귀하게 여긴다면 당신은 성한 눈을 가진 사람이다. 돈이라는 주인과 하나님이라는 주인을 나란히 놓고 보았을 때, 하나님이라는 주인을 말할 수 없이 귀하고 가치 있는 분으로 여긴다면 이미 성한 눈을 가진 것이다. 즉, 성한 눈이란 가치를 평가하고 분별하며 귀하게 여길 줄 아는 눈이다. 그저 돈과 하나님에 대한 사실만 보는 것이 아니다. 그저 진실과 거짓을 인식하는 것만은 아니다. 아름다움과 추함 사이에 존재하는 진정한 차이를 보고 평가한다. 소중한 것과 가치 없는 것을 구분하며, 바람직한 것과 바람직하지 않은 것을 분별한다. 성한 눈이란 모든 것을 중립적으로 보는 눈이 아니다. 하나님을 볼 때 그분을 아름답게 본다. 하나님을 가치 있는 분으로 본다.

성한 눈이 우리를 빛의 길로 인도하는 이유가 바로 이것이다. 하늘에 보물을 쌓게 하고, 돈이 아니라 하나님을 섬기게 한다. 성한 눈은 시선을 한곳에 둔다. 유일한 보화, 즉 하나님께로 시선이 향한다. 성한 눈을 가질 때, 우리는 환한 빛 가운데 거하게 된다.

자녀를 위해 어떻게 피난처가 될 것인가?

• 잠언 14:26 묵상 •

여호와를 경외하는 자에게는 견고한 의뢰가 있나니 그 자녀들에게 피난처가 있으리라.

아빠가 두려워한다면, 아이는 어느 쪽으로 몸을 돌려야 할까? 아빠들은 안전하다고 여겨지는 존재다. 그들은 무엇을 해야 할지, 어떻게 문제를 해결하고 고쳐 나가야 할지, 그리고 무엇보다 아이들을 위험에서 어떻게 보호해야 할지 알아야 한다. 그런데 아이가 아빠의 얼굴에서 두려운 기색을 느낀다면 어떻게 될까? 아빠가 아이만큼 두려워하고 무엇을 해야 할지 모른다면 어떻게 될까? 아이는 정신을 못 차리고 두려움에 휩싸일 것이다. 강하고 선하고 믿음직한 대상이 더 이상 안전하지 않다고 느낄 것이다.

그러나 아빠가 확신에 차 있다면, 아이에게 피난처가 생기는 셈이다. 아빠가 겁에 질리지 않고 평온하며 안정되어 있다면, 벽이 무너지고 파도가 몰아치며 뱀이 다가오고 사자가 울부짖으며 바람이 세게 불어도 아빠의 품속은 가장 안전한 곳이 될 것이다. 아빠가 확신에 차 있다면, 피난처가 된다. 잠언 14장 26절에서 아빠에게 "견고한 의뢰"가 있으면 "그 자녀들에게 피난처가 있으리라"고 말한 이유도 이것 때문이다.

아빠들이여, 강한 믿음을 얻기 위한 싸움은 단지 우리 자신만을 위한 것이 아니라 자녀들의 안전을 위한 것이기도 하다. 아이들의 안정감과 행복을 위한 것이다. 이 싸움은 아이들이 조바심을 내며 자랄지, 아니면 믿음 가운데 견고하게 자랄지를 결정한다. 아이들이 하나님을 인격적으로 깊이 알기 전까지 우리는 그들의 인생에서 하나님을 구체화하는 역할을 감당한다. 우리가 아이들에게 믿음직하고 안심할 수 있는 대상이 될 때, 그들은 훗날 폭풍우가 찾아올 때 피난처이신 하나님께 꼭 붙어 있을 것이다.

그러면 우리는 어떻게 "견고한 의뢰"를 가질 수 있을까? 우리 역시 연약한 자녀일 뿐이지 않은가. 우리는 약하고 부서지기 쉬우며, 걱정 근심과 늘 싸우는 질그릇 같은 존재다. 우리의 참된 자아를 숨기고 가식적인 모습을 보여야 하는가? 그랬다가는 잘해야 궤양이 생기고, 최악의 경우라면 십대 자녀들이 이중성에 역겨워할 것이다. 이것은 정답이 아니다.

잠언 14장 26절은 이와 다른 대답을 준다. "여호와를 경외하는 자에게는 견고한 의뢰가 있나니." 아주 이상한 대답이다. 이 구절은 두려움에 대한 해결책이 경외함, 즉 두려움이라고 말한다. 소심함에 대한 해결책은 두려움이다. 불확실에 대한 해결책은 두려움이다. 의심에 대한 해결책 역시 두려움이다.

어떻게 이것이 가능할까?

여호와를 경외하는 것은 곧 여호와를 욕되게 하는 것을 두려워하는 것이다. 즉, 여호와를 불신하는 것을 두려워하는 것이다. 당신이 극복하도록 돕겠다고 여호와께서 약속하신 것을 두려워하는 것을 두려워하는 것이다. 쉽게 말해, 여호와에 대한 두려움은 다른 모든 두려움을 몰아낸다.

주님이 "두려워하지 말라 내가 너와 함께함이라 놀라지 말라 나는 네 하나님이 됨이라 내가 너를 굳세게 하리라 참으로 너를 도와주리라"(사 41:10)고 말씀하셨다면, 주님이 도와주겠다고 말씀하신 문제를 놓고 염려하는 것이야말로 우리가 두려워해야 할 일이다. 주님이 "두려워하지 말라…너를 도와주리라"

고 말씀하시는데도 문제를 두려워하는 것은 하나님의 말씀에 대한 불신을 드러내는 것이다. 하나님을 경외하는 사람은 하나님을 그런 식으로 욕되게 할까 봐 염려한다.

주님이 "내가 결코 너희를 버리지 아니하고 너희를 떠나지 아니하리라"(히 13:5)고 말씀하셨으므로 우리는 믿음으로 이렇게 고백해야 한다. "주는 나를 돕는 이시니 내가 무서워하지 아니하겠노라 사람이 내게 어찌하리요"(히 13:6). 주님이 우리에게 이렇게 말씀하시는데, 하나님이 약속하신 임재와 도우심을 믿지 못하는 것은 교만이다. 하나님보다 문제를 더 중요하게 여기는 것이다. 그러므로 우리는 이사야 51장 12절에 나오는 놀라운 말씀을 읽어야 한다. "너희를 위로하는 자는 나 곧 나이니라 너는 어떠한 자이기에 죽을 사람을 두려워하며 풀같이 될 사람의 아들을 두려워하느냐." 하나님이 도와주겠다고 약속하셨는데 왜 사람을 두려워하는가? 사람을 두려워하는 것은 곧 교만이다. 그리고 교만은 하나님을 두려워하는 것과 정반대다.

그렇다. 잠언 14장 26절 말씀은 진리이며, 우리에게 큰 도움을 준다. 아빠들이여, 하나님을 경외하라. 하나님을 두려워하라. 하나님을 욕되게 할까 봐 두려워하라. 하나님을 불신할까 봐 두려워하라. 하나님보다 문제를 더 우선시하게 될까 봐 두려워하라. 하나님은 도와주겠다고 약속하신다. 그분은 우리보다 현명하시다. 그분은 우리보다 강하시다. 그분은 우리보다 후하시다. 그분을 신뢰하라. 그분을 신뢰하지 않는 것을 두려워하라.

왜 그런가? 주님은 자기를 앙망하는 자를 위하여 일을 행하시기 때문이다(사 64:4). 그분이 문제를 해결하실 것이다. 그분이 당신의 가족을 구해 주실 것이다. 사소한 문제도 돌보실 것이다. 당신의 필요를 채우실 것이다. 이 약속을 믿지 못하는 것을 두려워하라. 그럴 때 당신의 자녀들에게 피난처가 있을 것이다. 아이들은 "견고한 의뢰"를 가진 아버지, 즉 자신이 아니라 하나님의 약속에 대한 견고한 의뢰를 가진 아버지를 둘 것이다.

광야, 예배,
반역과
하나님

• 시편 63편 묵상 •

다윗의 시, 유다 광야에 있을 때에

하나님이여 주는 나의 하나님이시라 내가 간절히 주를 찾되 물이 없어 마르고 황폐한 땅에서 내 영혼이 주를 갈망하며 내 육체가 주를 앙모하나이다 내가 주의 권능과 영광을 보기 위하여 이와 같이 성소에서 주를 바라보았나이다 주의 인자하심이 생명보다 나으므로 내 입술이 주를 찬양할 것이라 이러므로 나의 평생에 주를 송축하며 주의 이름으로 말미암아 나의 손을 들리이다 골수와 기름진 것을 먹음과 같이 나의 영혼이 만족할 것이라 나의 입이 기쁜 입술로 주를 찬송하되 내가 나의 침상에서 주를 기억하며 새벽에 주의 말씀을 작은 소리로 읊조릴 때에 하오리니 주는 나의 도움이 되셨음이라 내가 주의 날개 그늘에서 즐겁게 부르리이다 나의 영혼이 주를 가까이 따르니 주의 오른손이 나를 붙드시거니와 나의 영혼을 찾아 멸하려 하는 그들은 땅 깊은 곳에 들어가며 칼의 세력에 넘겨져 승냥이의 먹이가 되리이다 왕은 하나님을 즐거워하리니 주께 맹세한 자마다 자랑할 것이나 거짓말하는 자의 입은 막히리로다.

다윗이 왕위에 있을 때 쓴 시편이다(11절). 누군가 그의 생명을 노리는 상황이었다(9절). 아들 압살롬이 그를 예루살렘에서 내쫓던 시기와 일치한다(삼하 15:23). 다윗의 입장이라고 한번 생각해 보라. 아들과 단지 사이가 멀어진 것이 아니었다. 아버지에게 적대감을 가진 아들은 아버지가 죽기를 바라는 지경까지 이르렀다. 아들과 가슴 아프게 떨어져 지내야 할 뿐만 아니라 목숨까지 위태로운 상황이다.

우리는 이렇듯 가슴 아프고 두려운 순간에 무엇을 해야 할지를 다윗에게서 배울 수 있다. 그는 기도한다. 이 시편은 처음부터 끝까지 하나님께 말을 건다. 그는 하나님께 단 한 가지를 구한다. 보호나 승리가 아니라 하나님을 구한다. 마르고 황폐한 땅에서 목마름을 해갈해 주는 물처럼 자기 영혼을 만족시켜 주시는 하나님을 구한다. "하나님이여 주는 나의 하나님이시라 내가 간절히 주를 찾되 물이 없어 마르고 황폐한 땅에서 내 영혼이 주를 갈망하며 내 육체가 주를 앙모하나이다"(1절). 우리 인생에 고통과 상실, 슬픔과 어둠의 때가 찾아온다. 그 시기에는 하나님 말고는 어떤 것도 구할 가치가 없게 느껴진다. 다른 모든 것, 심지어 생명조차 사소하게 느껴진다.

3절에서 다윗이 이렇게 고백한 것도 이 때문이다. "주의 인자하심이 생명보다 나으므로 내 입술이 주를 찬양할 것이라." 압살롬에게 매수된 누군가 음모를 꾸며 한밤중에 다윗을 죽일 수 있었다. 당신이라면 이런 상황에서 쉽사리 잠들 수 있겠는가? 이 밤에 칼에 찔려 죽지 않는 것보다 하나님의 임재 안에서 하나님의 인자하심을 누리는 것이 낫다고 되새길 수는 있을 것이다. 그러나 하나님의 인자하심 안에서 누리는 평안은 쉽게 느껴지지 않는다. 우리는 그런 말을 할 수는 있다. 하지만 이러한 현실을 정말로 느끼며 사는가? 다윗 역시 그 평안을 원하는 만큼 충분히 느끼지 못했다. 그래서 이렇게 울부짖는다. "내가 간절히 주를 찾되…내 영혼이 주를 갈망하며." 다윗은 하나님이 절실히 필요했다. 하나님이 그의 부르짖음을 들으시고, 주의 인자하심이 생명보다 낫다는 것을 단순히 알 뿐만 아니라 느끼고 맛보도록 도와주시기를 간절히 바랐다.

오, 하나님을 이렇게 알 수 있기를! 그러면 그 사랑이야말로 우리에게 모든 것이 되지 않겠는가? 이 세상이 줄 수 있는 모든 부와 명예, 성공과 건강보다 이 사랑을 더 사모하지 않겠는가? 하나님이 친히 곁에 오셔서 우리 영혼이 하나님의 사랑에서 목을 축이게 한다면, 다른 모든 것은 시야에서 사라질 것이다. 하나님의 오른손에서 영원한 안식을 누리는 가운데 두려움이 사라질 것이다. 오, 하나님과 동행하는 가운데 이런 자리로 나아올 수 있다면! 자기 생명의 안전과 아들의 구원이 더 이상 다윗에게 우상이 되지 않고, 흔들림 없는 사랑의 견고한 기쁨으로 하나님이 그를 사로잡으실 때, 그는 슬픔의 밤을 보내면서도 기쁘게 노래할 수 있을 것이다. 그리고 하나님의 뜻이라면, 아들도 되찾게 될 것이다.

하나님은 어떻게 다윗을 찾아와 그의 영적 감각을 일깨워 그가 하나님을 바라보고 "골수와 기름진 것을 먹음과 같이"(5절) 만족하게 하셨는가? 다윗이 하나님의 집에서 예배하던 때를 기억한 데서 그 대답을 찾을 수 있다. "내가 주의 권능과 영광을 보기 위하여 이와 같이 성소에서 주를 바라보았나이다"(2절). 다윗은 하나님의 백성들과 함께 예배를 드리던 예루살렘에서 쫓겨난 신세였다. 고난 가운데서 그는 예배할 때 자신이 바라보았던 하나님을 떠올렸다.

나 역시 우리 교회에서 드리는 공예배에 대한 깊은 갈망이 있다. 우리가 함께 모여 찬양하고 기도하며 하나님의 말씀을 들을 때, 하나님은 "권능과 영광"으로 임재하실 것이다. 그리고 언젠가 우리 가운데 누군가 말할 수 없는 이 특권에서 제외될 때, 예배 가운데 하나님을 만났던 기억으로 인해 다윗의 상황을 절절히 경험하게 될 것이다.

하나님이 이같이 우리를 만나 주시기를 함께 기도하지 않겠는가? 교회의 목회자들과 예배 인도자들을 위해 기도하지 않겠는가? 주께서 그들에게 하나님과 성령님에 대한 진리로 가득한 찬양과 기도, 침묵과 말씀, 설교를 주시도록 기도하지 않겠는가? 그럴 때 우리는 주의 인자하심이 생명보다, 아니 생명이 줄 수 있는 모든 것보다 나음을 맛보고 깨닫게 될 것이다.

그리고 당신과 주의 모든 백성이 토요일 밤과 주일 아침을 하나님과의 만남을 준비하는 시간으로 보내도록 기도하지 않겠는가? 이 시간은 거룩한 예배로 들어가는 통로가 되어야 한다. 다윗과 함께 이렇게 기도하자. "하나님이여 주는 나의 하나님이시라 내가 간절히 주를 찾되 물이 없어 마르고 황폐한 땅에서 내 영혼이 주를 갈망하며 내 육체가 주를 앙모하나이다." 토요일 밤과 주일 아침, 우리 입술을 열어 이렇게 고백할 때, 하나님이 천국의 샘을 열어 "주의 인자하심이 생명보다 나음"을 보여 주실 것이다.

인내심을 갖고 기도하라

• 골로새서 4장 묵상 •

> 기도를 계속하고 기도에 감사함으로 깨어 있으라 또한 우리를 위하여 기도하되 하나님이 전도할 문을 우리에게 열어 주사 그리스도의 비밀을 말하게 하시기를 구하라…그리하면 내가 마땅히 할 말로써 이 비밀을 나타내리라(골 4:2-4).

이 본문은 우리가 알아야 할 기도에 대한 다섯 가지 지침을 알려 준다.

첫째, 기도를 계속하라. 끈기 있게 기도하는 것에는 큰 능력이 있다. 누가복음 11장 8절에 나오는 "끈질기게 조르는 친구"를 잊지 말라("그 간청함을 인하여 일어나 그 요구대로 주리라"). 그리고 예수님이 "항상 기도하고 낙심하지 말아야 할 것"을 비유로 말씀하신 것을 잊지 말라(눅 18:1-8). 인내는 그리스도인의 삶에서 진정성을 측정하기 좋은 도구다. 나는 60년, 70년 혹은 80년을 기도하면서 인내해 온 그리스도인들로 인해 하나님을 찬양하고 싶다! 오, 우리가 기도하는 사람이 되고, 남은 생애 동안 전능하시고 선하신 주님께 기도하는 일에 흠뻑 젖어들기를! 인생의 마지막에 이르러 "나의 달려갈 길을 마치고 믿음을 지켰으니"라고 기도로 고백한다면 얼마나 좋겠는가.

둘째, 기도 가운데 깨어 있으라. 바짝 긴장하라는 말이다! 정신을 바짝 차리라! 바울은 겟세마네에서 일어난 사건에서 이 교훈을 배웠을 것이다. 예수님은 제자들에게 깨어 있으라고 하시며 기도하러 가셨지만 제자들은 잠들고 말았다. 나중에 그 모습은 보시고 예수님은 베드로에게 이렇게 말씀하셨다. "네가 한 시간도 깨어 있을 수 없더냐 시험에 들지 않게 깨어 있어 기도하라"(막 14:37-38). 우리는 기도할 때 마음이 다른 데 가 있지는 않은지, 쓸데없는 간구를 하고 있지는 않은지, 진부하고 무의미한 표현을 늘어놓지는 않은지, 하나님을 제한하고 있지는 않은지, 이기적인 욕망을 품고 있지는 않은지 잘 살펴야 한다. 또한 우리는 선한 것을 잘 살펴야 한다. 성경 안에서 하나님의 인도하심을 받아 기도하도록 주의해야 한다. 우리에게 기도하고 싶은 마음을 주시는 분은 하나님이시다. 그러나 우리의 결단과 결심을 통해 이러한 하나님의 역사를 경험해야 한다.

셋째, 감사하는 마음으로 모든 기도를 하라. 새로워진 기도를 통해 수많은 사람들의 삶에서 하나님이 행하신 일에 대한 이야기들은 아주 놀랍다. 그 이야기들은 내가 더 감사함으로 기도하도록 일깨워 주었다. 이런 놀라운 일들을 다른 사람들에게 나누라.

넷째, 당신의 삶에 말씀의 문을 열어 주시도록 기도하라. 이것은 두 가지를 뜻한다. 1) 매주 당신의 교회에서 성도들이 수용적이고 열린 마음으로 예배하는 것이다. 2) 당신이 말씀을 나눌 때 이웃들이 그 복음에 마음을 여는 것이다. "주님께서 그 여자[루디아]의 마음을 여셨으므로, 그는 바울의 말을 귀담아 들었다"(행 16:14, 새번역). 이런 일이 매 주일은 물론이고 주중에도 일어나기를 소망해야 한다.

다섯째, 이 땅의 설교자들을 위해 기도하라. 그들이 마땅히 해야 할 말로 그리스도의 비밀을 전할 수 있도록 기도하라. "크도다 경건의 비밀이여"(딤전 3:16). 그 비밀을 전하도록 부르심 받은 것이 얼마나 귀한지! 나는 설교의 직무를 사랑한다. 그러나 그 직무는 내 능력 너머에 있다. 나를 비롯해 모든 설교자들은 기도가 필요하다. 우리가 그리스도의 비밀을 이해하도록, 필요한 본문을 선택하도록, 성령의 능력으로 설교하도록, 사랑 안에서 진리를 말하도록 기도하라. 그리스도 없이 우리는 아무것도 할 수 없다.

신자인 당신에게는
그분이
가장 귀하다

• 베드로전서 2:7 묵상 •

"믿는 여러분에게는 그분이 가장 귀중"하다(벧전 2:7, 현대인의성경). 하나님의 자녀라는 표시는 온전함이 아니라 그리스도를 향한 갈망에 있다. 우리가 주의 인자하심을 맛보고 나면, 그분을 사모할 수밖에 없다(벧전 2:2-3). 자녀는 아버지의 본성을 가지고 있기 때문이다. 우리가 하나님께로부터 나서 하나님의 씨가 우리 속에 거한다면(요일 3:9) 우리는 신성한 성품에 참여하는 자다(벧후 1:4). 우리는 아버지를 쏙 빼닮은 것이다. 베드로전서 2장 4절이 말하듯 그리스도가 하나님께 귀하다면, 베드로전서 2장 7절이 말하듯 그리스도는 신자들에게도 귀하다. 그러므로 구원하는 믿음은 단순히 성경이 진실하다고 동의하는 차원이 아니다. 구원하는 믿음은 하나님이 귀히 여기시는 것을 귀히 여기는 새로운 본성을 의미한다.

이러한 관점으로 요한복음 17장 26절을 살펴보자. 이 얼마나 놀라운 약속의 말씀인가! 예수님은 제자들, 그리고 그들의 증거를 통해 예수님을 믿을 자들을 위해 기도하신다(요 17:20). 예수님은 무엇보다 중요한 간구를 드리며 기도를 마치신다. "내가 아버지의 이름을 그들에게 알게 하였고 또 알게 하리니 이는 나를 사랑하신 사랑이 그들 안에 있고 나도 그들 안에 있게 하려 함이니이다"(26절).

이 구절을 주의 깊게 살펴보자. 예수님은 아들을 향한 하나님의 사랑이 우리 안에 있게 해달라고 간구하신다. 그저 우리 안에서 나오는 사랑이 아니라 아버지 하나님이 예수님에게 주신 그 사랑으로 우리가 예수님을 사랑하기 바라신다. 어떻게 이런 일이 가능할까? 거듭남으로 가능하다. 그리스도인이 된다는 것은 하나님이 주시는 새로운 본성을 얻는 것을 의미한다. 실제적으로 말하면, 하나님이 성령을 통해 우리 삶에 오셔서 새로운 애정과 새로운 감정, 즉 하나님의 감정을 불어넣기 시작하신다. 우리 삶에 임재하시는 하나님의 성령은 우리가 아버지 하나님의 사랑으로 예수님을 사랑하게 하신다. 진실로, 성령은 하나님을 향한 사랑으로 드러난다. 성령의 다스림을 받는 것은 예수님을 향한 거룩한 사랑의 다스림을 받는 것이다. 예수님은 우리가 성령으로 충만하기를 기도하신다. 성령은 아버지 하나님이 아들에게 품은 사랑을 표현하는 거룩한 위격이다. 그러므로 우리는 아버지 하나님이 아들을 사랑하신 바로 그 사랑으로 채워질 것이다.

그 사랑은 얼마나 놀라운 사랑인가! 성 삼위일체 안에서 아버지와 아들 사이에 흐르는 사랑보다 더 큰 사랑이 그 어느 곳에도 없다. 아들을 향한 아버지 하나님의 사랑보다 더 강력하고, 더 열정적이며, 더 순수하고, 사랑하는 이에 대한 기쁨으로 더 가득한 사랑은 없다. 오, 아버지 하나님이 아들을 얼마나 기뻐하시는지! 아들이 아버지에게 얼마나 귀한 존재인지! 하나님은 예수님이 세례를 받을 때 이렇게 말씀하셨다. "이는 내 사랑하는 아들이요 내 기뻐하는 자라"(마 3:17). 또한 하나님은 예수님이 영광스러운 모습으로 변했을 때 이렇게 말씀하셨다. "이는 내 사랑하는 아들이요 내 기뻐하는 자니 너희는 그의 말을 들으라"(마 17:5).

아버지 하나님에게 아들 예수 그리스도보다 귀한 것은 온 우주를 통틀어 아무것도 없다. 우리에게도 예수님이 이처럼 귀해야 한다. 아버지 하나님은 무한한 에너지로 아들을 사랑하신다! 우리도 이 위대한 열정으로 아들 예수님을 기뻐해야 한다! 오,

그리스도인이여! 하나님 아버지의 이 위대한 사랑에 참여하라! 우리가 하나님께로부터 났다면, 하나님의 눈으로 예수님을 보아야 한다. "믿는 여러분에게는 그분이 가장 귀중하다."

수치심이라는 고통을 받아들이라

• 사도행전 5:41 묵상 •

당신이 수치스럽게 여기지 않아도 되는 수치심의 종류가 있다. 아마 당신은 이렇게 말할지도 모른다. "글쎄요, 그건 진짜 수치심이 아니겠지요." 하지만 성경은 그것을 수치심이라 부르며, 우리 마음에 기적이 일어나 우리 감정이 완전히 바뀌기 전까지는 정말 수치스럽게 느껴진다.

 이 사실이 내게 중요한 이유는, 이 수치심을 받아들이는 법을 아직 배우는 중이기 때문이다. 때로는 이제 막 배우기 시작한 것처럼 느껴진다. 이는 수치스럽다는 이 불쾌한 감정을 단지 참아 내는 것이 아니라 정말로 받아들이는 것을 의미한다. 이것을 충분히 배우기 전까지는 불신자들 사이에서 복음의 증인이 되지 못할 것이다.

수치심을 받아들인다는 이 낯선 개념을 어디서 가져왔는지 궁금하지 않은가? 나는 이 개념을 사도행전 5장에 나오는 베드로와 사도들의 이야기에서 가져왔다. 그들은 병을 고치고 그리스도를 전한다는 이유로 체포되어 옥에 갇혔다(18절). 그날 밤 주의 천사가 옥 문을 열고 그들을 풀어 주고는 "가서 성전에 서서 이 생명의 말씀을 다 백성에게 말하라"고 명령한다(20절). 그러나 대제사장이 그들을 다시 잡아다가 "우리가 이 이름으로 사람을 가르치지 말라고 엄금하였으되 너희가 너희 가르침을 예루살렘에 가득하게 하니"라고 고발한다(28절).

베드로는 용기 있게 일어나 이렇게 말한다. "사람보다 하나님께 순종하는 것이 마땅하니라"(29절). 그 말을 듣고 공회는 그들을 죽이려 했으나 율법교사 가말리엘이 일어나 이렇게 말한다. "이 사상과 이 소행이 사람으로부터 났으면 무너질 것이요 만일 하나님께로부터 났으면 너희가 그들을 무너뜨릴 수 없겠고 도리어 하나님을 대적하는 자가 될까 하노라"(38-39절). 이 말을 듣고 그들은 계획을 바꾸어 "사도들을 불러들여 채찍질하며 예수의 이름으로 말하는 것을 금하고" 놓아 주었다(40절).

이제 신약에서 가장 충격적인 구절 가운데 하나가 나온다. "사도들은 그 이름을 위하여 능욕받는 일에 합당한 자로 여기심을 기뻐하면서 공회 앞을 떠나니라"(41절). 이 구절을 천천히 읽으며 잠잠히 묵상하라. 여기에 두 가지 중요한 사실이 있다.

첫째, 그들은 능욕을 받았다. 수치를 당한 것이다. 존경받는 지도자들로 인해 구경거리가 되고 사악한 범죄자 취급을 받으며 (적어도) 허리까지 벌거벗긴 채 심하게 맞아 비명을 지르거나 깊은 신음소리를 내는 것이야말로 수치스러운 순간이 아니겠는가. 성경은 그것을 수치라 부른다. 그 순간 그들은 수치심을 느꼈다. 그 경험은 아주 끔찍했다.

둘째, 그들은 이 수치를 기뻐했다. 한번 상상해 보라. 결코 가벼운 일이 아니며, 낭만적이지도 않다. 음악이 고조되고 수많은 지지자들이 응원하며 지켜보는 고귀한 순간이 아니다. 오히려 정말 끔찍한 순간이다. 고통이 극심하고, 죽을지도 모른다. 어딘가 의지할 곳도 없다. 치욕적이다. 그러나 사도들은 고소하지 않았다. 그들은 자신의 권리를 잃은 것 때문에 속이 부글거리지 않았다. 원수들을 욕하는 대신에 노래했다. "그 이름을 위하여 능욕받는 일에 합당한 자로 여기심을 기뻐"했다.

이것이 바로 수치심이라는 고통을 받아들이는 것을 말한다. 당신은 그들처럼 수치심을 받아들이고 있는가? 그렇지 않다면 용기를 내라. 우리 가운데 대부분이 아직 그렇게 하지 못한다. 당신은 그렇게 하기를 바라는가? 나 역시 그렇다. 그러면 우리는 무엇을 해야 할까? 세 가지 방법이 있다.

1. 서로를 위해 기도하자. 구체적으로 기도하자. "하나님 아버지, 우리의 속사람을 깊이 변화시켜 주셔서, 우리가 그리스도의 이름으로 수치를 당할 때도 기뻐하게 하소서."
2. 그리스도에게 얼마나 무한한 가치가 있는지, 그분이 하신 약속이 얼마나 달콤한지, 그분이 당신을 구원하기 위해 당하신 고난이 얼마나 극심했는지를 자주 묵상하라.
3. 미지의 영역으로 한 걸음 더 나아가 그리스도의 증인이 되자. 고통스러운 수치심이 찾아온다면, 그 장송곡을 승리의 노래로 바꿔 부르라.

우리가 이렇게 할 때, 비로소 세상은 온 우주에서 가장 소중한 존재인 예수 그리스도를 주목할 것이다. 그 전까지 우리는 무엇을 즐거워하느냐 하는 면에서 그들과 전혀 다를 바 없이 보일 것이다. 또한 우리를 특별히 주목해야 할 아무런 이유도 찾지 못할 것이다.

예수님은
제자들의 믿음이 자라도록
어떻게 도우시는가?

• 누가복음 17:5–10 묵상 •

사도들이 주께 여짜오되 우리에게 믿음을 더하소서 하니 주께서 이르시되 너희에게 겨자씨 한 알만한 믿음이 있었더라면 이 뽕나무더러 뿌리가 뽑혀 바다에 심기어라 하였을 것이요 그것이 너희에게 순종하였으리라 너희 중 누구에게 밭을 갈거나 양을 치거나 하는 종이 있어 밭에서 돌아오면 그더러 곧 와 앉아서 먹으라 말할 자가 있느냐 도리어 그더러 내 먹을 것을 준비하고 띠를 띠고 내가 먹고 마시는 동안에 수종들고 너는 그 후에 먹고 마시라 하지 않겠느냐 명한 대로 하였다고 종에게 감사하겠느냐 이와 같이 너희도 명령받은 것을 다 행한 후에 이르기를 우리는 무익한 종이라 우리가 하여야 할 일을 한 것뿐이라 할지니라.

누가복음 17장 5절에서 사도들은 "우리에게 믿음을 더하소서"라고 예수님께 요청한다. 예수님은 그들을 어떻게 도와주실까? 두 가지 방법으로 도우시는데, 둘 다 그들에게 진리를 말해 주는 것이다. 예수님은 제자들에게 반응하는 방식을 통해 믿음이 들음에서 나오는 것임을 보여 주신다. 우리는 무언가를 깨달을 때 믿음이 자란다.

첫째, 예수님은 우리 믿음을 강하게 하기 위해 6절에서, 하나님 나라를 진전시키는 위대한 일을 이루는 데 중요한 요소는 우리 믿음의 크기가 아니라 하나님의 능력이라고 말씀하신다. "너희에게 겨자씨 한 알만한 믿음이 있었더라면 이 뽕나무더러 뿌리가 뽑혀 바다에 심기어라 하였을 것이요 그것이 너희에게 순종하였으리라." 예수님은 믿음을 더해 달라는 제자들의 요청을 받으신 후에 작은 겨자씨를 언급하심으로써, 우리 시선이 믿음의 크기가 아니라 믿음의 목적에 향하게 하신다. 하나님이 뽕나무를 옮기신다. 뽕나무를 옮기는 것은 우리 믿음의 크기에 달려 있지 않고, 하나님의 능력과 지혜와 사랑에 달려 있다. 우리가 이 사실을 깨달을 때, 우리의 믿음에 대해 근심하지 않고 하나님의 주권과 능력을 신뢰할 수 있다.

둘째, 예수님은 우리 믿음을 자라게 하시기 위해 7-10절에서, 우리가 모든 명령을 행한다 해도 여전히 은혜에 전적으로 의지해야 한다고 말씀하신다. 예수님은 여기서 한 가지 예화를 드신다. 7-10절을 다시 읽어 보라. 이 글의 요지는, 종이 아무리 열심히 일한다 해도 주인이 종에게 빚을 지지 않는다는 말이다. 하나님은 결코 우리에게 빚을 지지 않으신다. 그 예화의 결론이 10절에 나온다. "이와 같이 너희도 명령 받은 것을 다 행한 후에 이르기를 우리는 무익한 종이라 우리가 하여야 할 일을 한 것뿐이라 할지니라." 우리는 언제나 하나님께 빚을 진 자들이다. 또한 우리는 그 빚을 갚을 능력이 없고, 그 빚을 갚으라는 명령을 받지 않았다. 언제나 은혜에 의지하면 된다. 우리가 아무리 차근차근 빚을 갚아 나간다고 해도 하나님이 우리에게 빚을 지시게 할 수는 없다. "누가 주께 먼저 드려서 갚으심을 받겠느냐"(롬 11:35).

9절에 주인이 "종에게 감사하겠느냐"라는 표현이 나오는데, "감사"라는 표현이 다소 자극적이다. 내 생각에 여기서 "감사"라는 표현은 은혜에 대한 반응을 말하는 것 같다. 주인이 종에게 감사하지 않는 이유는, 제아무리 종이 열심히 주인을 섬긴다 해도 주인이 마땅히 받아야 할 이상을 할 수 없기 때문이다. 종은 주인에게 은혜를 베풀 수 없다. 은혜는 마땅히 받아야 할 이상의 대접을 받는 것이기 때문이다. 이는 하나님과 우리의 관계에서도 마찬가지다. 우리는 결코 하나님께 은혜를 베풀 수 없다. 우리는 하나님이 마땅히 받으셔야 할 섬김 이상을 해드릴 수 없다. 즉, 하나님은 우리에게 감사할 의무가 없으시다. 하나님은 결코 우리에게 "고맙다"고 하시지 않는다. 이와 달리, 하나님은 언제나 우리가 마땅히 받아야 할 대접 이상을 베푸시기에 우리는 언제나 그분께 감사해야 한다.

우리가 얻어야 할 교훈은 이렇다. 우리가 모든 의무를 다한다 해도—교회의 모든 문제를 해결하고, 모든 그리스도인의 사고방식을 바꾸며, 선교 사업에 사람들을 동원하고, 가난한 사람들을 도우며, 부부들의 삶을 지원해 주고, 자녀들을 경건하게 기르며, 우리가 한 모든 서약을 지키고, 모든 업무를 성실히 해내며, 그리스도를 담대히 전한다고 해도—하나님은 우리에게 감사해야 할 의무가 없으시다. 대신에 우리는 은혜에 빚진 자로 하나님 앞에 서야 한다.

이러한 사실은 믿음에 대한 큰 격려가 된다. 왜일까? 우리가 제대로 행동하기 전이든 그 후든 하나님은 우리를 아낌없이 축복하시는 분이기 때문이다. 의무를 제대로 행하기 전이든 그 후든 우리는 "무익한" 종이기에 하나님은 오직 은혜로 말미암아 우리를 도우신다. 그러므로 하나님은 언제나 우리를 넉넉히 도와주신다. 이것이 바로 우리가 스스로 제대로 된 삶을 살지 못한다고 느낄 때도 주님의 도우심을 신뢰할 수 있는 이유다. 이러한 신뢰를 바탕으로 우리는 제대로 된 삶을 살아갈 힘을 얻는다.

그러므로 우리 믿음은 다음의 두 가지 요소를 통해 자란다.

1. 우리 믿음의 크기가 아니라 하나님이야말로 뽕나무 뿌리를 뽑는 결정적인 요인이다.
2. 우리가 해야 할 모든 것을 행하기 전이든 그 후든 간에 하나님은 값없는 은혜로 우리를 대하신다.

우리에게 은혜가 필요하지 않는 순간은 없다. 그러므로 우리의 개인적인 삶에서, 우리의 교회에서, 우리의 소명에서, 세계 선교 현장에서 우리에게 남겨진 일들 때문에 얼어붙지 말자. 그 대신 우리의 작은 믿음 속에서 위대한 일을 행하실 하나님을 신뢰하자.

권리 포기와
권리 주장:
사랑의 두 종류

• 데살로니가후서 3:6-15에서 긍휼과 정의를 묵상하며 •

형제들아 우리 주 예수 그리스도의 이름으로 너희를 명하노니 게으르게 행하고 우리에게서 받은 전통대로 행하지 아니하는 모든 형제에게서 떠나라 어떻게 우리를 본받아야 할지를 너희가 스스로 아나니 우리가 너희 가운데서 무질서하게 행하지 아니하며 누구에게서든지 음식을 값없이 먹지 않고 오직 수고하고 애써 주야로 일함은 너희 아무에게도 폐를 끼치지 아니하려 함이니 우리에게 권리가 없는 것이 아니요 오직 스스로 너희에게 본을 보여 우리를 본받게 하려 함이니라 우리가 너희와 함께 있을 때에도 너희에게 명하기를 누구든지 일하기 싫어하거든 먹지도 말게 하라 하였더니 우리가 들은즉 너희 가운데 게으르게 행하여 도무지 일하지 아니하고 일을 만들기만 하는 자들이 있다 하니 이런 자들에게 우리가 명하고 주 예수 그리스도 안에서 권하기를 조용히 일하여 자기 양식을 먹으라 하노라 형제들아 너희는 선을 행하다가 낙심하지 말라 누가 이 편지에 한 우리 말을 순종하지 아니하거든 그 사람을 지목하여 사귀지 말고 그로 하여금 부끄럽게 하라 그러나 원수와 같이 생각하지 말고 형제같이 권면하라.

바울은 권리를 포기하는 동시에 권리를 주장함으로써 사랑의 두 가지 형태의 본을 보여 준다.

바울은 8-9절에서 자신이 사역하는 교회에서 사례를 받을 권리를 포기했다고 설명한다. "오직 수고하고 애써 주야로 일함은 너희 아무에게도 폐를 끼치지 아니하려 함이니 우리에게 권리가 없는 것이 아니요 오직 스스로 너희에게 본을 보여 우리를 본받게 하려 함이니라." 바울은 설교한 것에 대한 사례를 받을 권리가 있었다. 그러나 이 권리를 내려놓은 것은 다른 목적이 있었기 때문이다. 그는 자비량 선교를 위해 직업을 가지고 일하는 본을 교회에 보이려 했다.

하지만 바울은 10절에서 한 가지 권리를 주장한다. 일을 한 후에 사례를 받을 권리다. "누구든지 일하기 싫어하거든 먹지도 말게 하라."

권리 포기와 권리 주장. 이 두 가지는 사랑의 형태다. 권리를 포기하는 것은 사랑이다. 생산적인 생활방식의 본을 보이기 위해 자기 권리를 희생했기 때문이다. 권리를 요구하는 것도 사랑이다. 자기 권력을 강화하기 위한 것이 아니라 형제의 유익을 위한 것이기 때문이다. 바울은 14-15절에서 이 부분을 분명히 밝힌다.

> 누가 이 편지에 한 우리 말을 순종하지 아니하거든 그 사람을 지목하여 사귀지 말고 그로 하여금 부끄럽게 하라 그러나 원수와 같이 생각하지 말고 형제같이 권면하라.

바울은 그 사람을 소외시키는 것이 아니라, 엄한 사랑을 통해 해로운 행동에서 회복시키는 것을 목적으로 삼는다.

다른 방식으로 말하면, 바울은 긍휼과 정의에 대한 본을 보이고 있다. 긍휼: 바울은 양식을 해결하기 위해 직업을 갖고 일함으로써 사역에 대한 사례를 받을 때 자신에게 요구되는 것보다 더 많은 시간과 노력을 쏟았다. 정의: 바울은 다른 이들에게도 일하기를 요구함으로써 사람들이 교회에 재정적 도움을 바라는 것을 막고, 양식을 위해 스스로 일하라고 주장한다.

이제 우리는 어떻게 해야 할까? 긍휼로 사랑을 베풀어야 할 때와 정의로 사랑을 베풀어야 할 때를 어떻게 알 수 있을까?

먼저 자신의 인격을 잘 알아야 한다. 주의를 기울이지 않으면 타고난 성향대로 행동할 가능성이 높기 때문이다. 천성적으로 긍휼이 많다면, 진지하게 정의에 대해 고려해야 한다. 천성적으로 정의롭다면, 진지하게 긍휼에 대해 고려해야 한다. 우리는 사랑을 베풀 때, 자신이 타고난 성향대로 행동할 가능성이 아주 높다.

개인적이고 사적인 문제일수록 권리를 포기하는 것이 사랑의 방식일 때가 많다. 하지만 공동체적이고 공적인 문제일수록 권리를 요구하는 것이 사랑의 방식일 때가 많다. 공적으로 권리를 요구하는 것은, 자신뿐 아니라 다른 사람들을 돌보는 방식으로 여겨지기 쉽기 때문이다. 그러나 사적으로 권리를 요구하는 것은 자칫 자기 권력을 강화하려는 태도로 느껴질 수 있다. 그러한 방식으로는 그리스도를 무엇보다 귀히 여기는 마음을 드러내지 못할 것이다.

긍휼로 사랑을 베풀든, 정의로 사랑을 베풀든 중요한 것은 더 많은 이들에게 더 많은 유익을 끼치는 것이다. 더 많은 이들이 그리스도를 귀히 여기도록 돕는 일에 최선을 다하라.

당신은
어떤 죽음으로
하나님께 영광을 돌릴 것인가?

• 요한복음 21:18-19 묵상 •

요한이 그의 복음서를 기록할 당시, 베드로는 이미 로마 황제 네로에게 죽임당한 것으로 추정된다. 그래서 요한은 베드로의 다가올 죽음에 대한 예수님의 말씀을 기록할 때, 그분이 사용하신 상징을 해석할 수 있었다. 예수님이 베드로에게 하신 말씀과 그에 대한 요한의 해석은 다음과 같다.

"내가 진실로 진실로 네게 이르노니 네가 젊어서는 스스로 띠 띠고 원하는 곳으로 다녔거니와 늙어서는 네 팔을 벌리리니 남이 네게 띠 띠우고 원하지 아니하는 곳으로 데려가리라." (이 말씀을 하심은 베드로가 어떠한 죽음으로 하나님께 영광을 돌릴 것을 가리키심이러라.) 이 말씀을 하시고 베드로에게 이르시되 "나를 따르라" 하시니 (요 21:18-19).

당신의 스승이자 친구에게서 당신이 그를 섬기다가 죽임당할 것이라는 이야기를 듣는다면, 정신이 번쩍 들 것이다. 주님은 에둘러 말씀하셨지만 베드로는 그 뜻을 알아차렸을 것이다. 그 말씀을 하실 때 예수님의 표정이 어땠는지 우리는 알 수 없지 않은가. 베드로에게 닥칠 운명은 예수 그리스도를 따르는 삶에 대한 대가다. 또한 그것은 예수님이 우리 각 사람을 위해 예언하신 것과 결코 다르지 않다. "무릇 내게 오는 자가…자기 목숨까지 미워하지 아니하면 능히 내 제자가 되지 못하고"(눅 14:26). "자기의 생명을 사랑하는 자는 잃어버릴 것이요 이 세상에서 자기의 생명을 미워하는 자는 영생하도록 보전하리라"(요 12:25). "누구든지 나를 따라오려거든 자기를 부인하고 자기 십자가를 지고 나를 따를 것이니라"(마 16:24). "심지어 부모와 형제와 친척과 벗이 너희를 넘겨 주어 너희 중의 몇을 죽이게 하겠고 또 너희가 내 이름으로 말미암아 모든 사람에게 미움을 받을 것이나"(눅 21:16-17).

전승에 따르면, 베드로는 60년대 중반 네로의 박해 기간에 로마에서 십자가에 거꾸로 매달려 죽었다. 초대교회 역사가 유세비우스는 이렇게 기록했다. "베드로는 본도, 갈라디아, 비두니아, 갑바도기아와 아시아에 흩어진 유대인에게 설교했던 것으로 보인다. 그리고 결국 로마에 도착해 십자가에 거꾸로 매달렸다. 그는 이러한 고난을 자청했다."[30]

예수님은 베드로의 순교를 예언하셨다. 베드로가 어떤 죽음을 맞을지, 그때가 언제일지 아셨다. 이렇듯 많은 정보로 인해 베드로는 용기를 잃었을까? 아니면 무슨 일이 생겨도 주님의 뜻에서 벗어난 해가 일어나지 않을 것을 떠올렸을까? 예수님은 죽음을 이기고 부활하신 후에 베드로에게 이 말씀을 하셨다. "그리스도께서 죽은 자 가운데서 살아나셨으매 다시 죽지 아니하시고 사망이 다시 그를 주장하지 못할 줄을 앎이로라"(롬 6:9). 그러므로 예수님은 베드로가 죽음을 맞는 순간에도 살아서 다스리실 것이다. 거기서 베드로를 도우실 것이다. "내가 세상 끝날까지 너희와 항상 함께 있으리라"(마 28:20). 베드로가 죽음을 맞을 때 도우실 뿐 아니라 그를 다시 일으키실 것이다. "예수를 죽은 자 가운데서 살리신 이의 영이 너희 안에 거하시면 그리스도 예수를 죽은 자 가운데서 살리신 이가 너희 안에 거하시는 그의 영으로 말미암아 너희 죽을 몸도 살리시리라"(롬 8:11).

예수님은 베드로가 한편으로는 이러한 죽음을 원하지 않을 것임을 아셨다. "남이 네게 띠 띠우고 원하지 아니하는 곳으로 데려가리라"(요 21:18). 심지어 예수님조차 울부짖으셨다. "만일 할 만하시거든 이 잔을 내게서 지나가게 하옵소서"(마 26:39). 이는 예수님의 길을 따르는 모든 사람에게 마찬가지다. 고통은 고통일 뿐 기쁨일 수 없다. 오직 고귀한 사랑만이 당신이 그리스도를 부인함으로 고통을 피할 수 있는 상황에서 고통을 받아들이게 한다.

요한은 베드로의 죽음이 하나님께 영광을 돌리기 위한 것이라고 말한다. "이 말씀을 하심은 베드로가 어떠한 죽음으로 하나님께 영광을 돌릴 것을 가리키심이러라"(요 21:19). 요한이 이 말을 하는 방식을 보면, 그가 우리 모두의 죽음도 하나님께 영광을 돌려야 한다고 생각함을 알 수 있다. 다른 점이 있다면, 어떤 종류의 죽음으로 하나님께 영광을 돌려야 하는가다.

당신은 이 일에 준비가 되었는가? 당신이 죽음을 맞는 방식을 통해 하나님의 위대하심을 드러내기 바라는가? "내게 사는 것이 그리스도니 죽는 것도 유익함이라"(빌 1:21)고 고백할 수 있는가? 이 실패하고 추악하고 고통을 주는 원수를 달콤한 이름으로 부를 수 있겠는가? 그리스도를 바라보고 그분과 함께 거하기 위해 이 땅의 가족과 친구, 소유를 기꺼이 버릴 수 있겠는가?

예수님은 베드로가 끔찍하게 죽을 것을 예언하신 후에, 그에게 "나를 따르라"고 말씀하셨다.

"그런즉 우리도 그의 치욕을 짊어지고 영문 밖으로 그에게 나아가자"(히 13:13).

4부
하나님

우리의 생각보다
높고 크신 하나님을
만나다

하나님은
지루한 분이
아니시다

• 상상에 대해 묵상하며 •

그리스도인의 마음에는 위대한 의무와 같은 요소가 있는데, 바로 상상력이다. 그것은 마음이 하는 유일한 일이 아니다. 마음은 관찰한다. 분석하고 조직화한다. 기억한다. 그러나 상상력은 다르다. 상상력은 우리가 본 것을 관찰하거나 분석하지 않는다. 우리 눈으로 볼 수는 없지만 정말 존재할 법한 것을 상상한다. 그러므로 상상력은 과학 분야에서 아주 유용하다. 상상력은 이해할 수 없는 현상에 대한 보이지 않는 근거를 이끌어 내며, 이는 온갖 종류의 발견으로 이어진다. 또한 상상력은 이전에 어느 누구도 말하지 못한 새로운 방식으로 말하는 법을 상상하며, 이는 창의적인 저술, 음악, 미술 분야에서 볼 수 있다.

내가 상상력이 그리스도인에게 의무와 같다고 말하는 데는 두 가지 이유가 있다. 첫째, 우리는 상상력 없이는 예수님의 황금률을 적용할 수 없다. 그분은 이렇게 말씀하셨다. "무엇이든지 남에게 대접을 받고자 하는 대로 너희도 남을 대접하라"(마 7:12). 우리는 상대방의 입장에 서서 우리에게 어떻게 해주기를 바랄지 상상해야 한다. 인정 많고 공감하며 도와주는 사랑은, 사랑하는 사람의 상상력에 많은 부분이 달려 있다.

긴장되거나 슬프거나 기쁜 상황에서 우리는 어리석고 도움이 안 되는 말을 수없이 한다. 어떻게 하면 적절한 말을 할 수 있을까? "경우에 합당한 말은 아로새긴 은 쟁반에 금 사과니라"(잠 25:11). 성령이 우리에게 "공감하는 상상력"을 주실 때 가능하다. '공감'이란 누군가와 함께 느끼는 것을 말한다. 입을 떼는 순간, 우리는 상대방을 위해 말해야 할 것과 말하지 않아야 할 것을 상상한다. 상상력 없이는 관계를 제대로 맺기 어렵다.

내가 상상력이 그리스도인에게 의무라고 말하는 또 다른 이유는, 누군가 숨 막힐 듯이 아름다운 진리를 지루한 방식으로 말하거나 글을 쓰거나 노래하거나 그림을 그리는 것은 하나의 죄와 같기 때문이다. 하나님과 그분이 만드신 놀라운 세상을 정확히 관찰하고 적절하게 분석하고는 지루하게 전달한다면, 마음에서 하나님은 최고로 높임을 받지 못한다. 상상력은 지루함을 죽이는 열쇠다. 우리는 진리가 무엇인지를 전달할 다양한 방식을 상상해야 한다. 그것은 결코 지루한 과정이 아니다.

하나님의 세상은 경이로 가득하다. 상상력은 오래되고 영광스러운 진리에 대한 새로운 언어, 새로운 심상, 새로운 비유, 새로운 은유, 새로운 묘사, 새로운 연결점을 일깨워 준다. 상상력은 하나님이 우리에게 주신 마음의 능력으로서, 그분의 아름다움을 아름답게 전달하게 해준다.

내 말을 오해하지 않기를 바란다. 시인과 화가, 설교자들이 하나님의 아름다움을 더 아름답게 만드는 것은 아니다. 그저 그 아름다움이 더 잘 보이게 할 뿐이다. 우리의 제한되고, 오류에 빠지기 쉽고, 죄로 왜곡된 인식의 흐릿한 안개를 거두고 하나님의 아름다움을 있는 그대로 보게 도와줄 뿐이다. 상상력은 별을 관찰하는 망원경과 같다. 망원경은 별을 더 크게 만들지 못한다. 별은 망원경 없이도 충분히 크다. 망원경은 별을 있는 그대로 볼 수 있게 해줄 뿐이다.

상상은 인간의 마음으로 할 수 있는 가장 어려운 일이자, 가장 하나님을 닮은 일이다. 상상은 무에서 유를 창조하는 작업과 가장 비슷하다. 아름다운 진리를 말할 때, 우리는 시를 쓸 때처럼 단어의 패턴을 고민해야 한다. 우리는 어느 누구의 마음에도 존재하지 않았고 지금도 존재하지 않는 무언가를 떠올려야 한다. 우리는 존재한 적이 없는 은유나 비유, 묘사를 생각해 내야 한다. 상상력을 발휘해 지금껏 존재하지 않았던 무언가를 마음으로 볼 수 있어야 한다. 이전에 없던 방식으로 단어를 조합하고 음악을 만들어야 한다. 우리가 이 모든 것을 하는 이유는 하나님을 닮았기 때문이고, 그분은 늘 새로운 말과 새로운 노래와 새로운 그림으로 높임을 받으시기에 마땅하다.

대학이나 교회나 가정은 풍부한 상상력을 길러 마음의 중심에서 하나님을 높이는 것에 헌신해 왔다. 오, 하나님께 푹 빠져서 이전에 말하거나 노래하거나 연주되거나 그리지 않은 방식으로 하나님의 위대함을 말하고 노래하고 연주하고 그리는 마음이 얼마나 필요한지!

상상력은 근육과 같다. 사용할 때마다 강해진다. 이 근육은 저절로 움직이지 않으며, 우리의 의지를 기다린다. 또한 상상력은 전염성이 강하다. 상상력을 많이 사용하는 사람 곁에 있다면 (그가 고인이든 아니든 간에) 당신도 상상의 나래를 펼칠 가능성이 높다. 그러므로 상상력이 풍부한 사람과 어울리라. 그리고 오래된 진리를 전달하는 새로운 방식을 힘써 생각하라. 하나님은 그렇게 높임을 받아야 마땅한 분이시다. "새 노래로 여호와께 찬송하라"(시 98:1). 새로운 노래로, 새로운 사진으로, 새로운 시로, 새로운 비유로, 새로운 그림으로 여호와께 찬송하라.

하나님이 복음이다

• 우리는 왜 영생을 바라는가 •

하나님의 용서에 어떤 가치가 있는지 질문해 본 적이 있는가? 영생에 대해서는 어떤가? 사람이 왜 영생을 바라는지 질문해 본 적이 있는가? 이런 질문들은 아주 중요하다. 당신이 용서와 영생을 바라는 이유들로 인해 오히려 용서와 영생을 얻지 못할 수도 있기 때문이다.

먼저, 용서에 대한 예를 들어 보자. 당신이 하나님의 용서를 바라는 것은, 죄책감으로 너무 비참하기 때문일 수도 있다. 그저 위안을 바라기 때문일 수도 있다. 하나님이 당신을 용서하신 다고 믿는다면, 당신은 약간의 위안을 받겠지만, 굳이 구원이 필요한 것은 아니다. 단지 정서적인 위안 때문에 용서를 바란다면,

하나님의 용서를 받을 수 없다. 하나님이 아니라 하나님의 선물을 얻기 위해 용서를 바라는 사람은 하나님이 그것을 주지 않으신다.

아니면 당신은 병이 낫거나 좋은 직장을 구하거나 배우자를 찾는 것을 바랄 수 있다. 그때 당신은 하나님이 이런 일을 도와주실 수 있지만 먼저 당신의 죄를 용서받아야 한다는 말을 듣게 된다. 누군가 당신에게 와서 그리스도께서 당신의 죄를 위해 죽으신 것을 믿는다면, 죄를 용서받는다고 말한다. 그래서 당신은 건강과 직장과 배우자를 얻기 위해 이것을 믿기로 한다. 과연 그것이 구원의 복음일까? 나는 그렇게 생각하지 않는다.

다시 말해서, 당신이 용서를 통해 바라는 것이 무엇인지가 중요하다. 용서를 바라는 이유가 중요하다는 말이다. 당신이 단지 창조물을 누리려는 목적으로 용서를 바란다면, 창조주는 영광을 받지 않으시고 당신도 구원을 얻지 못한다. 용서는 이 한 가지 이유 때문에 귀하다. "당신이 하나님과 교제를 누릴 수 있게 한다." 이런 이유로 용서를 바라지 않는다면, 당신은 용서받을 수 없다. 하나님은 우상을 구입하기 위한 화폐로 이용당하지 않으실 것이다.

마찬가지로, 이렇게 질문할 수 있다. 우리는 왜 영생을 바라는가? 누군가는 이렇게 말할 것이다. "다른 방도가 지옥이라면 그곳은 너무 고통스러우니까요." 다른 누군가는 이렇게 말할 것이다. "그곳에는 슬픔이 없잖아요." 또 다른 누군가는 이렇게 말할 것이다. "사랑하는 사람들이 그곳에 있으니까요. 나는 그들과 함께 있고 싶어요." 끝없는 섹스나 음식을 꿈꾸는 사람도 있을 것이다. 고귀한 운명을 바라는 사람도 있을 것이다. 이 모든 목표에 빠진 것이 하나 있다. 바로 하나님이다.

영생을 바라는 구원의 동기가 요한복음 17장 3절에 나와 있다. "영생은 곧 유일하신 참 하나님과 그가 보내신 자 예수 그리스도를 아는 것이니이다." 하나님 안에서 기뻐하기 위해 영생을 바라지 않는다면, 우리는 영생을 얻지 못할 것이다. 그리스도보다 더 사랑하는 무언가를 얻기 위해 영광스러운 복음을 사용하고 있다면, 우리는 자신이 그리스도인이라는 착각에 빠진 것이 틀림없다. 하나님을 최고의 선으로 여기지 않는 사람에게 복음은 더 이상 좋은 소식이 아니다.

1731년, 조나단 에드워즈는 이 주제를 설교로 풀어냈다. 다음 글을 천천히 읽고, 용서와 삶의 진정한 미덕이 무엇인지 깨닫기를 바란다.

구속받은 자들이 가진 모든 객관적인 선은 하나님 안에 있습니다. 구속받은 자들이 소유하거나 즐길 수 있는 위대한 선은 하나님 자신입니다. 하나님은 최고의 선이시며, 그리스도께서 값을 치르고 구속하신 모든 선의 전부입니다. 하나님은 성도들의 유업이고, 하나님은 그들 영혼의 분깃입니다. 하나님은 성도들의 부와 보물이며, 음식이자 생명이며, 거처와 장신구와 왕관이며, 영원한 존귀와 영광입니다. 성도들은 천국에서 하나님 외에는 그 어떤 것도 소유하지 않습니다. 하나님은 성도들이 죽음을 맞을 때나 이 세상이 끝나고 부활할 때 받을 위대한 선입니다. 주 하나님은 천상의 예루살렘의 빛이며, 흐르는 "생명수 강"이며, "하나님의 낙원 가운데서" 자라는 생명나무입니다. 하나님의 영광스러운 탁월함과 아름다움은 영원히 성도들의 마음을 즐겁게 할 것이며, 하나님의 사랑은 성도들의 영원한 즐거움이 될 것입니다. 구속받은 자들은 실제로 다른 일을 즐거워할 것입니다. 그들은 천사들을 즐거워하고, 서로를 즐거워할 것입니다. 그러나 천사들이나 서로나 그 밖의 다른 어떤 것이나 성도들을 기쁘게 하고 행복하게 하는 것은 모두 하나님 안에 있습니다.[31]

하나님의
생각에 대한
생각

• 하나님의 말씀을 아는 것보다 중요한 것은 없다 •

1888년 10월 15일, 마크 트웨인은 조지 베인튼에게 보내는 편지에 이렇게 썼다. "거의 올바른 말과 올바른 말의 차이는 아주 큽니다. 마치 반딧불이(lightning bug)와 번개(lightning)의 차이에 비교할 수 있습니다."

인간의 생각과 하나님의 생각도 엄청난 차이가 있다. 우리의 목표는 하나님의 생각이다. 우리는 하나님의 생각을 찾고 이해하며 신뢰하고 귀히 여기며 순종하고 전해야 한다. 하나님이 모든 것에 대해, 특히 그분 자신에 대해 어떻게 생각하고 무엇을 말씀하셨는지가 그 무엇보다 중요하다.

우리의 생각은 덧없지만 하나님의 생각은 영원하다.

여호와께서는 사람의 생각이 허무함을 아시느니라(시 94:11).

풀은 마르고 꽃이 시듦은 여호와의 기운이 그 위에 붊이라 이 백성은 실로 풀이로다 풀은 마르고 꽃은 시드나 우리 하나님의 말씀은 영원히 서리라(사 40:7-8).

하나님의 생각은 셀 수 없이 많다.

여호와 나의 하나님이여 주께서 행하신 기적이 많고 우리를 향하신 주의 생각도 많아 누구도 주와 견줄 수가 없나이다 내가 널리 알려 말하고자 하나 너무 많아 그 수를 셀 수도 없나이다(시 40:5).

하나님이여 주의 생각이 내게 어찌 그리 보배로우신지요 그 수가 어찌 그리 많은지요(시 139:17).

하나님의 생각은 우리 생각과 비교할 수 없을 정도로 높다.

악인은 그의 길을, 불의한 자는 그의 생각을 버리고 여호와께로 돌아오라…이는 내 생각이 너희의 생각과 다르며 내 길은 너희의 길과 다름이니라 여호와의 말씀이니라 이는 하늘이 땅보다 높음같이 내 길은 너희의 길보다 높으며 내 생각은 너희의 생각보다 높음이니라(사 55:7-9).

하나님의 생각은 신비하고 깊이를 헤아릴 수 없다.

깊도다 하나님의 지혜와 지식의 풍성함이여, 그의 판단은 헤아리지 못할 것이며 그의 길은 찾지 못할 것이로다 누가 주의 마음을 알았느냐 누가 그의 모사가 되었느냐 누가 주께 먼저 드려서 갚으심을 받겠느냐 이는 만물이 주에게서 나오고 주로 말미암고 주에게로 돌아감이라 그에게 영광이 세세에 있을지어다 아멘(롬 11:33-36).

하나님의 생각은 오직 하나님만 아신다.

사람의 일을 사람의 속에 있는 영 외에 누가 알리요 이와 같이 하나님의 일도 하나님의 영 외에는 아무도 알지 못하느니라(고전 2:11).

하나님의 생각을 그분이 기뻐하시는 자들에게 계시하신다.

그때에 예수께서 대답하여 이르시되 천지의 주재이신 아버지여 이 것을 지혜롭고 슬기 있는 자들에게는 숨기시고 어린아이들에게는 나타내심을 감사하나이다 옳소이다 이렇게 된 것이 아버지의 뜻 이니이다 내 아버지께서 모든 것을 내게 주셨으니 아버지 외에는 아들을 아는 자가 없고 아들과 또 아들의 소원대로 계시를 받는 자 외에는 아버지를 아는 자가 없느니라(마 11:25-27).

하나님의 생각을 성경에서 영감을 얻은 자들을 통해 계시하신다.

우리가 세상의 영을 받지 아니하고 오직 하나님으로부터 온 영을 받 았으니 이는 우리로 하여금 하나님께서 우리에게 은혜로 주신 것들 을 알게 하려 하심이라 우리가 이것을 말하거니와 사람의 지혜가 가 르친 말로 아니하고 오직 성령께서 가르치신 것으로 하니 영적인 일 은 영적인 것으로 분별하느니라(고전 2:12-13).

하지만 육에 속한 사람에게 하나님의 생각은 어리석게 보인다.

육에 속한 사람은 하나님의 성령의 일들을 받지 아니하나니 이는 그것들이 그에게는 어리석게 보임이요, 또 그는 그것들을 알 수도 없나니 그러한 일은 영적으로 분별되기 때문이라(고전 2:14).

우리가 하나님의 생각을 이해하려면 마음이 새로워져야 한다.

너희는 이 세대를 본받지 말고 오직 마음을 새롭게 함으로 변화를 받아 하나님의 선하시고 기뻐하시고 온전하신 뜻이 무엇인지 분별하도록 하라(롬 12:2).

우리는 하나님의 영광을 바라봄으로 변화를 받아 하나님의 생각을 받아들이게 된다.

우리가 다 수건을 벗은 얼굴로 거울을 보는 것 같이 주의 영광을 보매 그와 같은 형상으로 변화하여 영광에서 영광에 이르니 곧 주의 영으로 말미암음이니라(고후 3:18).

우리는 복음을 통해 행하시는 하나님의 창조의 기적으로 하나님의 영광을 본다.

그중에 이 세상의 신이 믿지 아니하는 자들의 마음을 혼미하게 하여 그리스도의 영광의 복음의 광채가 비치지 못하게 함이니 그리스도는 하나님의 형상이니라 우리는 우리를 전파하는 것이 아니라 오직 그리스도 예수의 주 되신 것과 또 예수를 위하여 우리가 너희의 종 된 것을 전파함이라 어두운 데에 빛이 비치라 말씀하셨던 그 하나님께서 예수 그리스도의 얼굴에 있는 하나님의 영광을 아는 빛을 우리 마음에 비추셨느니라(고후 4:4-6).

새로워진 우리는 하나님의 생각을 은과 금처럼 여기며 추구한다.

내 아들아 네가 만일 나의 말을 받으며 나의 계명을 네게 간직하며 네 귀를 지혜에 기울이며 네 마음을 명철에 두며 지식을 불러 구하며 명철을 얻으려고 소리를 높이며 은을 구하는 것같이 그것을 구하며 감추어진 보배를 찾는 것같이 그것을 찾으면 여호와 경외하기를 깨달으며 하나님을 알게 되리니 대저 여호와는 지혜를 주시며 지식과 명철을 그 입에서 내심이며(잠 2:1-6).

주님은 그분의 생각을 진지하게 생각하는 자들이 그것을 이해하게 하신다.

내가 말하는 것을 생각해 보라 주께서 범사에 네게 총명을 주시리라(딤후 2:7).

하나님의 생각에 대한 지식은 교만하게 하지만, 사랑은 덕을 세운다.

우상의 제물에 대하여는 우리가 다 지식이 있는 줄을 아나 지식은 교만하게 하며 사랑은 덕을 세우나니 만일 누구든지 무엇을 아는 줄로 생각하면 아직도 마땅히 알 것을 알지 못하는 것이요 또 누구든지 하나님을 사랑하면 그 사람은 하나님도 알아주시느니라(고전 8:1-3).

하나님의 생각에 대한 모든 지식은 사랑을 위한 것이다.

이 교훈의 목적은 청결한 마음과 선한 양심과 거짓이 없는 믿음에서 나오는 사랑이거늘(딤전 1:5).

그러나 모든 사랑은 하나님께 영광과 찬양을 돌리기 위한 것이다.

내가 기도하노라 너희 사랑을 지식과 모든 총명으로 점점 더 풍성하게 하사 너희로 지극히 선한 것을 분별하며 또 진실하여 허물없이 그리스도의 날까지 이르고 예수 그리스도로 말미암아 의의 열매가 가득하여 하나님의 영광과 찬송이 되기를 원하노라(빌 1:9-11).

하나님의 모든 생각은 우리가 서로 사랑하도록 돕기 위한 것이며, 우리의 모든 사랑은 "하나님의 영광과 찬송"이 되기를 위한 것이다. 이 두 가지 진리는 하나님의 위대한 생각의 한 요소다. 하나님이 말씀하고 행하신 것은, 우리가 서로 사랑하고, 그 사랑 가운데 영광받으실 하나님을 드러내기 위해서였다.

그러나 이 일은 어떻게 이뤄지는가? 이러한 하나님의 위대한 생각은 어떻게 역사하는가? 오직 사랑이 목적인 것은 아닌가? 누군가를 사랑하면서 궁극적으로 하나님께 영광을 돌리려는 동기를 어떻게 가질 수 있는가? 그 대답은 우리를 향한 하나님의 생각에서 찾을 수 있다. 사랑은 상대방을 가장 크고 지속적인 기쁨으로 사로잡을 행동을 하는 것이다. 과연 무엇이 우리를 가장 크고 지속적인 기쁨으로 사로잡겠는가? 바로 하나님의 영광이다. 사랑은 어떤 대가를 치르더라도 사람들이 하나님의 영광에 사로잡히게 도울 수 있는 모든 일을 한다. 하나님의 영광에 사로잡힐 때, 그들은 만족하고 하나님은 영광을 받으신다. 그러므로 사람을 사랑하는 것과 하나님을 영화롭게 하는 것은 같은 일이다.

이것은 우리가 하나님의 생각에 대해 생각하며 시간을 보낼 때 얻게 되는 많은 깨달음 가운데 하나다. 하나님의 생각을 있는 그대로 아는 것과 단지 사람의 생각을 아는 것 사이에는 번개와 반딧불이 사이만큼의 차이가 있다.

마귀, 바람, 까마귀, 사랑에 대한 하나님의 달콤한 명령

• 택함받은 자에게 닥친 모든 것은 그들의 유익을 위한 것이다 •

하나님이 당신을 대적하지 않고 위하신다는 것을 하나님의 은혜로 확신한다면, 하나님의 주권에 대한 증거를 더 많이 발견할수록 당신은 행복할 것이다. 하나님의 주권이 미치는 영역이 더 넓을수록, 당신은 모든 위험 가운데서도 더 안전하다고 느낄 것이다.

하나님은 우리를 위하신다. 복음은 그야말로 좋은 소식 아닌가? 그리스도의 보혈과 의로 인해 우리는 오직 믿음으로 의롭게 되었고, 하나님은 영원히 우리를 위하신다. 로마서 8장 31-33절에서 바울은 이렇게 말한다. "만일 하나님이 우리를 위하시면 누가 우리를 대적하리요…누가 능히 하나님께서 택하신 자들을 고발하리요."

하나님이 우리를 위하시면 그분의 모든 능력이 우리 편이 된다. 그분의 모든 주권은 우리 유익을 위해 움직이지 결코 우리를 대적하지 않는다. 그분의 모든 명령은 궁극적으로 우리에게 유익을 주기 위해서다. 우리 인생을 위협하는 문제들에 대해 하나님은 어떻게 통치하실까? 하나님이 명령하실 때 누가 그리고 무엇이 순종해야 하는가?

가장 높은 수준의 원수부터 시작해 보자. 하나님이 전능하신 권위로 명령하실 때 선한 천사들과 악한 영들은 하나님에게 순종해야 한다. "능력이 있어 여호와의 말씀을 행하며 그의 말씀의 소리를 듣는 여호와의 천사들이여 여호와를 송축하라!"(시 103:20) "더러운 귀신들에게 명한즉 순종하는도다"(막 1:27). 우리를 위하시는 하나님의 궁극적인 목적을 섬기는 것 외에는 어떤 마귀도 하나님이 택하신 자들에게 어떤 것도 행할 수 없다. 예를 들어 고린도후서 12장 7-9절을 보라.

여러 계시를 받은 것이 지극히 크므로 너무 자만하지 않게 하시려고 내 육체에 가시 곧 사탄의 사자를 주셨으니 이는 나를 쳐서 너무 자만하지 않게 하려 하심이라 이것이 내게서 떠나가게 하기 위하여 내가 세 번 주께 간구하였더니 나에게 이르시기를 내 은혜가 네게 족하도다 이는 내 능력이 약한 데서 온전하여짐이라 하신지라 그러므로 도리어 크게 기뻐함으로 나의 여러 약한 것들에 대하여 자랑하리니 이는 그리스도의 능력이 내게 머물게 하려 함이라.

바울의 육체에 가시는 곧 "사탄의 사자"다. 사탄의 계획은 바울이 고통당하고 믿음이 무너지는 것이었다. 사탄은 욥이 하나님을 저주하기를 바랐던 것처럼 바울이 하나님을 저주하기를 바랐다. 바울은 이 "사탄의 사자"가 떠나가기를 기도했다. 부활하신 주님은 세 번이나 안 된다고 하셨다. 그리고 그 이유를 설명해 주셨다. 바울이 약한 데서 그리스도의 능력이 드러나기 때문이었다. 다른 말로 하면, 이 가시에 대한 그리스도의 계획과 사탄의 계획은 정반대였다. 사탄은 바울의 믿음이 무너지고 그리스도의 명예가 실추되기를 원했다. 그리스도는 바울의 믿음이 정제되고 그분의 능력이 영광받기를 원하셨다. 아이러니하게도, 결국 사탄이 준 고통은 역효과를 낳고 성화의 수단이 되었다는 것이다. 하나님이 이렇게 하실 때 사탄은 분명 분개할 것이다. 바울을 괴롭게 하도록 사탄에게 허락하셨을 때 하나님은 이미 이렇게 될 것을 아셨다. 그러므로 바울에게 복을 주어 더 크게 사용하시고, 그리스도의 능력을 영화롭게 하시려는 하나님의 계획에 사탄이 일부가 된 것이다.

이제는 재난과 참사, 질병과 장애 등으로 때때로 우리를 아프게 하는 자연 세계라는 원수를 생각해 보자. 하나님은 자연을 어떻게 다스리시는가? 하나님은 실제적인 능력으로 자연의 어떤 부분에 명령하실 수 있는가? 성경의 예는 다음과 같다.

"내가 까마귀들에게 명령하여 거기서 너를 먹이게 하리라"(왕상 17:4). "네가 너의 날에 아침에게 명령하였느냐 새벽에게 그 자리를 일러 주었느냐"(욥 38:12). "그가 위의 궁창을 명령하시며…그들에게 만나를 비같이 내려 먹이시며"(시 78:23-24). "그가 해를 명령하여 뜨지 못하게 하시며 별들을 가두시도다"(욥 9:7). "여호와께서 이미 큰 물고기를 예비하사 요나를 삼키게 하셨으므로"(욘 1:17). "하나님 여호와께서 박넝쿨을 예비하사 요나를 가리게 하셨으니"(욘 4:6). "하나님이 벌레를 예비하사…그 박넝쿨을 갉아먹게 하시매 시드니라"(욘 4:7). "여호와께서 명령하신즉 광풍이 일어나 바다 물결을 일으키는도다"(시 107:25). "그가 누구이기에 바람과 물을 명하매 순종하는가"(눅 8:25). "그의 명령을 땅에 보내시니 그의 말씀이 속히 달리는도다 눈을 양털같이 내리시며 서리를 재같이 흩으시며"(시 147:15-16). "우박을 떡 부스러기같이 뿌리시나니 누가 능히 그의 추위를 감당하리요"(시 147:17). "내가 또 구름에게 명하여 그 위에 비를 내리지 못하게 하리라"(사 5:6). "그가 번갯불을 손바

닥 안에 넣으시고 그가 번갯불을 명령하사 과녁을 치시도다"(욥 36:32).

하나님이 모든 마귀와 모든 자연 환경에 명령하시고 그들이 순종한다면, 하나님이 늘 우리를 위하시고 우리를 대적하지 않으신다면, 우리에게 닥쳐오는 모든 것은 결국 우리의 유익을 위한 것이다. "우리가 알거니와 하나님을 사랑하는 자 곧 그의 뜻대로 부르심을 입은 자들에게는 모든 것이 합력하여 선을 이루느니라"(롬 8:28). 하나님이 모든 것을 다스리시며, 우리를 위하시고 대적하지 않으시기 때문에 그렇다.

이는 다음과 같은 예수님의 말씀에 담긴 논리의 요점 아니겠는가? "참새 두 마리가 한 앗사리온에 팔리지 않느냐 그러나 너희 아버지께서 허락하지 아니하시면 그 하나도 땅에 떨어지지 아니하리라…두려워하지 말라 너희는 많은 참새보다 귀하니라"(마 10:29, 31). 이 말씀의 논리는 이렇다. 하나님이 참새의 죽음과 같은 사소한 일에 상관하지 않으신다면, 두려워할 이유가 있다. 그러나 하나님은 사소한 문제까지도 다스리시고, 당신은 참새보다 귀하기에 두려워하지 않아도 된다. 이 세상이 내 뜻과 다르게 움직일 때 느끼는 두려움을 하나님의 주권(새 한 마리도 하나님의 허락 없이는 죽지 않는다)과 하나님의 긍휼(하나님은 나를 더 귀하게 여기신다)이 몰아낸다.

그러나 하나님의 가장 달콤한 명령은 마귀나 까마귀나 바람을 향한 명령이 아니다. 하나님 자신의 사랑과 축복과 언약을 향한 명령이야말로 가장 달콤하다. "낮에는 여호와께서 그의 인자하심을 베푸시고 밤에는 그의 찬송이 내게 있어 생명의 하나님께 기도하리로다"(시 42:8). "여호와께서 그의 백성을 속량하시며 그의 언약을 영원히 세우셨으니 그의 이름이 거룩하고 지존하시도다"(시 111:9). 하나님은 자신의 사랑을 향해 가장 달콤한 명령을 내리신다. 사랑아, 전능한 능력과 함께 내 백성에게로 가라!

아주 멋지지 않은가!

하나님께
분노하는 것은
옳지 않다

• 그분은 언제나 의롭고 완전하시기 때문이다 •

얼마 전, 나는 수백 명의 사람들 앞에서 이렇게 말했다. "하나님께 분노하는 것은 결코 옳지 않습니다." 많은 사람들이 못 믿겠다는 표정을 지었다. 반응이 썩 좋지 않았다. 분명히 많은 사람들이 동의하지 않았다.

몇몇 사람은 내 이야기를 잘 따라오고 있었지만, 다른 이들은 몹시 당황해했다. 나는 당황한 기색을 보인 이들에게 많은 고민을 안겨 준 셈이다. 그들은 어떤 가정을 했기에 내 말을 받아들이기 어려웠을까? 나는 이보다 더 명백한 진리가 없다고 생각하는데, 왜 어떤 이들은 그토록 혼란스러워할까?

사람들이 내 말에 동의하지 않고 망설인 것은, 오늘날 현대인의 머릿속에 있는 두 가지 가정 때문인 것 같다.

첫째, 많은 사람들이 감정은 옳지도 틀리지도 않다고 가정한다. 감정은 중립적이라고 생각하는 것이다. 분노는 (하나님을 향한 것이든 다른 누군가를 향한 것이든) "옳지 않다"고 말하는 것을 재채기하는 것은 옳지 않다고 말하는 것과 마찬가지로 여긴다. 감정은 저절로 생기는 것 아닌가? 많은 사람들이 감정에 대해 이렇게 생각한다. 감정은 저절로 생기는 것이므로 감정에 대해 도덕적이냐 비도덕적이냐를 따질 수 없다. 감정은 중립적이다. 그러니 내가 하나님께 분노하는 것은 옳지 않다고 말하는 것은 분노라는 감정을 전혀 어울리지 않는 범주, 즉 도덕의 범주 속에 넣는 일이 된다.

감정에 대한 이러한 접근 방식은 기독교를 피상적으로 만드는 여러 원인들 가운데 하나다. 우리는 자유의지를 가지고 심사숙고하여 선택한 행동만이 윤리적인 의미를 갖는다고 여긴다. 욕망, 기쁨, 좌절, 분노 같은 감정은 자유의지로 선택한 행동이 아니라 우리 영혼이라는 물가에 부딪쳐 부서지는 파도와 같다고 여긴다. 많은 사람들이 "선택"뿐만 아니라 감정의 수준에서도 변화되기를 간절히 구하지 않는 것은 어찌 보면 당연하다. 그러나 그렇게 되면 (잘해 봐야) 피상적인 성도가 될 뿐이다.

이러한 가정은 성경의 가르침과는 전혀 다르다. 성경은 어떤 감정들은 도덕적으로 선하다고 말하며, 어떤 감정들은 도덕적으로 나쁘다고 말한다. 각 감정을 선하거나 나쁘게 만드는 것은 그 감정과 하나님과의 관계에 달려 있다. 만약 하나님이 참되고 소중한 분임을 드러내는 감정이라면 선하고, 하나님이 거짓되거나 어리석거나 악하다고 제시하는 감정이라면 악하다. 예를 들어, 주 안에서 기뻐하는 것은 단순히 중립적인 문제가 아니라 명령이다(시 37:4). 그러므로 이 감정은 선하다. "불의를 좋아하는" 것은 나쁜 감정이다(살후 2:12). 이 감정은 마치 죄가 하나님보다 매력적인 것처럼 느끼게 하는데, 그것은 진실이 아니기 때문이다.

이는 분노에 대해서도 마찬가지다. 물론 죄에 대한 분노는 선하다(막 3:5). 그러나 선에 대한 분노는 죄다. 이것이 바로 하나님께 분노하는 것이 옳지 않은 이유다. 우리를 대하시는 하나님의 방식이 이상하고 고통스러울지라도 그분은 언제나 선하시기 때문이다. 하나님을 향한 분노는, 그분이 악하거나 약하거나 비겁하거나 어리석은 분임을 의미하는 것이다. 이러한 생각 가운데 진실한 것은 하나도 없으며, 이것은 모두 하나님을 욕되게 할 뿐이다. 그러므로 하나님께 분노하는 것은 옳지 않다. 하나님께 분노했을 때 요나는 꾸지람을 들었고(욘 4:9), 욥은 티끌과 잿더미 위에 앉아서 회개했다(욥 42:6).

둘째, 하나님이 우리를 화나게 만드는 일을 하신다는 가정이다. 그러나 하나님의 섭리가 아무리 고통스럽게 할지라도 우리는 하나님이 선하시다는 것을 신뢰해야 하며 그분께 분노해서는 안 된다. 그것은 우리 몸에 칼을 대는 외과의사에게 화를 내는 것과 같다. 물론 의사가 실수를 하면 화를 낼 수도 있다. 그러나 하나님은 실수하지 않으신다.

누군가 "하나님께 분노하는 것이 옳습니까?"라고 말한다면, 그는 사실 아주 다른 질문을 하는 것임을 지난 수년간의 경험을 통해 깨달았다. 그가 정말로 궁금한 것은 이것이다. "하나님께 분노를 표현하는 것이 옳습니까?" 이 둘은 같은 질문이 아니다. 따라서 그 대답도 항상 같을 수 없다.

이 질문은 대개 극심한 고통과 상실의 때에 올라오기 마련이다. 질병이 당신의 모든 꿈을 짓밟으려 위협한다. 죽음이 당신의 가족에게서 소중한 아이를 빼앗아 간다. 전혀 예상하지 못했던 별거나 이혼이 당신 인생의 기초를 뒤흔든다. 이럴 때 사람들은 하나님께 엄청나게 분노한다.

이것이 옳은 감정일까? 아마도 이 질문에 대답하려면 분노하는 사람에게 이렇게 물어야 할 것이다. 하나님께 분노하는 것이 늘 옳은가? 다시 말해서, 누구나 어떤 이유로든 하나님께 분노할 수 있고, 그것이 옳은가? 예를 들어, 하나님이 니느웨 백성에게 자비를 베푸시는 것을 보고 요나가 분노한 것이 옳은가? "하나님이 뜻을 돌이키사 그들에게 내리리라고 말씀하신 재앙을 내리지 아니하시니라 요나가 매우 싫어하고 성내며"(욘 3:10-4:1). 나는 그렇지 않다고 생각한다. 우리는 어떤 이유로든 하나님께 분노하면 안 된다.

그러면 우리는 이렇게 질문해야 한다. 하나님의 어떤 행동이 우리가 그분에게 분노하게 하고, 분노하지 않게 하는가? 이제 대답하기가 더 어려워졌다. 이제 진실은 분노한 마음을 향해 다가가고 있다.

우리를 불쾌하게 만드는 일들은 어떤가? 그 일들은 하나님에 대한 우리의 분노를 정당화할까? 하나님이 우리를 상하게 하는 행동을 하시면 어떤가? "나는 죽이기도 하며 살리기도 하며 상하게도 하며 낫게도 하나니 내 손에서 능히 빼앗을 자가 없도다"(신 32:39). 이 일들은 우리의 분노를 하나님께 쏟는 것을 정당화하는가? 사탄이 우리를 괴롭히고 고문하도록 하나님이 허락하실 때는 어떤가? "여호와께서 사탄에게 이르시되 내가 그를 네 손에 맡기노라 다만 그의 생명은 해하지 말지니라 사탄이 이에 여호와 앞에서 물러가서 욥을 쳐서 그의 발바닥에서 정수리까지 종기가 나게 한지라"(욥 2:6-7). 하나님이 사탄으로 하여금 우리와 자녀들을 상하게 하도록 허락하신다면, 우리가 하나님께 분노하는 것이 정당할까?

아니면 반대편에서 접근해 보자. 분노란 무엇인가? 일반적인 정의는 이렇다. "불쾌감으로 인한 강렬한 정서적 상태"(메리엄웹스터: 온라인 영어사전 사이트). 그러나 이 정의에는 모호한 면이 있다. 우리는 어떤 사람이나 어떤 일 때문에 "불쾌"해질 수 있다. 어떤 일에 분노하는 것은 어떤 선택이나 행동에 대한 분개를 포함하지 않는다. 물론 우리는 어떤 일의 결과가 마음에 안 들 수 있다. 자동차 클러치가 고장 난다든지, 눈에 모래가 들어간다든지, 소풍 가는 날에 비가 온다든지 말이다. 그러나 우리가 어떤 사람에게 화가 날 때는, 그가 한 선택이나 행동으로 인해 불쾌해진다. 사람에 대한 분노는 언제나 강한 반감을 동반한다. 당신이 내게 분노한다면, 내가 하지 않았어야 할 일을 했다고 여기기 때문이다.

이것이 바로 하나님께 분노하는 것이 옳지 않다고 말하는 이유다. 하나님이 직접 하시거나 아니면 허락하신 일 때문에 하나님을 못마땅해 하는 것은 늘 옳지 않다. "세상을 심판하시는 이가 정의를 행하실 것이 아니니이까"(창 18:25). 유한하고 죄로 가득한 피조물이 하나님이 하신 일로 인해 그분을 못마땅해 하는 것은 아주 교만하다. 고통으로 울부짖을 수 있고, 죄와 사탄에게 분노할 수 있다. 그러나 하나님이 하시는 일과 그분이 허락하시는 일은 언제나 의롭다. "주 하나님 곧 전능하신 이시여 심판하시는 것이 참되시고 의로우시도다"(계 16:7).

그러나 하나님께 분노하는 것이 옳다고 말하는 많은 사람들이 정말로 의미하는 것은 하나님께 분노를 표현하는 것이 옳다는 것이다. 그들은 내가 "하나님께 분노하는 것은 옳지 않습니다"라고 말하면 이렇게 이해한다. "감정을 속이고 위선자가 되세요." 하지만 내 말은 그런 뜻이 아니다. 하나님의 판단을 두고 못마땅해 하는 것이 늘 옳지 않다는 뜻이다.

그러나 우리가 하나님께 분노의 감정을 느낄 때는 어떻게 해야 할까? 분노라는 죄에 위선이라는 죄까지 더해야 할까? 그렇지 않다. 분노를 느끼면 하나님께 고백해야 한다. 게다가 하나님도 알고 계신다. 하나님은 우리 마음을 꿰뚫어 보신다. 하나님에 대한 분노가 우리 마음에 있다면, 하나님께 사실대로 말씀드리고 죄송하다고 말하며, 하나님의 선하심과 지혜를 신뢰함으로써 분노를 없애도록 도와 달라고 간구해야 한다.

예수님이 우리 죄를 위해 십자가에서 죽으셨을 때, 그분을 신뢰하는 모든 이에게서 하나님의 진노를 영원히 거두셨다. 이제 우리를 향한 하나님의 태도는 온전한 긍휼이며, 우리를 엄하게 징계하실 때도 그 사실은 변함없다(롬 8:1). 그러므로 그리스도 안에 있는 사람은 하나님을 향한 분노라는 끔찍한 망령을 쫓

아내야 한다. 우리는 고뇌하면서 "나의 하나님, 나의 하나님, 어디 계십니까?"라고 울부짖을 수 있다. 그러나 곧 "주님 손에 내 영혼을 맡깁니다"라고 고백하며 그분을 따라야 한다.

다시 말하지만, 하나님께 분노하는 것은 옳지 않다. 당신이 이미 이러한 죄를 짓고 있다면 위선으로 상황을 악화시키지 말고, 하나님께 정직하게 말씀드리고 회개하라.

단지 그림자나
메아리가
되지 말라

• 이 세대의 영에서 벗어나기 •

우리는 하나님이 아니다. 궁극적이고 절대적인 존재에 비하면 하찮은 존재에 불과하다. 절대적 존재인 하나님께 의존하는 부차적 존재다. 하나님만이 온 우주 가운데 정해진 존재이며, 우리는 그분으로부터 파생된 존재다. 하나님은 항상 계셨고, 시작이 없었다. 그러므로 하나님은 다른 것에서 형성된 존재가 아니다. 바로 우리가 그런 존재다. 하나님은 온전하시다. 그러나 우리는 그렇게 되어 간다. "스스로 있는 자"가 바로 그분의 이름이다(출 3:14).

그럼에도 불구하고 하나님은 가장 숭고한 창조 목적, 즉 창조주의 영광을 기뻐하고 드러내게 하기 위해 우리를 만드셨다.

우리는 영원히 지속되는 실제적인 생명을 갖게 되었다. 이것이 바로 우리가 지음받은 이유다("만물이 그에게서 창조되되…그를 위하여 창조되었고", 골 1:16). 이것이 바로 우리의 성생활이 구속받은 이유다("음행을 피하라…너희는 너희 자신의 것이 아니라 값으로 산 것이 되었으니 그런즉 너희 몸으로 하나님께 영광을 돌리라", 고전 6:18-20). 이것이 바로 우리가 먹고 마시는 이유다("그런즉 너희가 먹든지 마시든지 무엇을 하든지 다 하나님의 영광을 위하여 하라", 고전 10:31). 이것이 바로 우리가 기도하는 이유다("너희가 내 이름으로 무엇을 구하든지 내가 행하리니 이는 아버지로 하여금 아들로 말미암아 영광을 받으시게 하려 함이라", 요 14:13). 이것이 바로 우리가 모든 선한 행동을 하는 이유다("이같이 너희 빛이 사람 앞에 비치게 하여 그들로 너희 착한 행실을 보고 하늘에 계신 너희 아버지께 영광을 돌리게 하라", 마 5:16).

우리는 하나님의 영광을 드러내기 위해 존재한다. 인간의 삶은 모두 하나님에 관한 것이다. 그것이 인간으로 살아가는 이유다. 하나님을 높이는 것이야말로 우리가 지음받은 본성이다. 하나님의 영광을 예배하는 것이야말로 우리의 영광이다. 우리가 이러한 존재 이유를 성취할 때, 우리는 실체를 갖게 된다. 우리의 존재 안에는 무게와 의의가 있다. 하나님의 영광을 알고, 즐기고, 드러내는 것은 하나님의 영광을 나누는 것이다. 우리가 하나님이 되는 것은 아니다. 그러나 우리의 목적이 하나님의 탁월하심을 보이는 것임을 깨달을 때, 하나님의 위대하심과 아름다우심이 우리 위에 머문다. 이것이 바로 우리의 실체다.

이러한 인간 존재의 목적을 성취하지 못할 때, 우리는 갖도록 창조된 실체의 그림자로 남을 뿐이다. 모든 것 위에 뛰어나신 하나님을 기뻐함으로써 하나님의 가치를 드러내지 않을 때, 우리는 연주하도록 창조된 음악의 메아리로 남을 뿐이다.

이것은 엄청난 비극이다. 인간은 단지 그림자와 메아리로 지음받지 않았다. 우리는 하나님을 닮은 실체요 하나님을 닮은 음악이요 하나님을 닮은 영향력을 갖도록 지음받았다. 이것이 바로 하나님의 형상대로 창조되었다는 말의 의미다(창 1:27). 그러나 인간이 창조주를 버리고 다른 것을 더 사랑할 때, 그들이 사랑하는 것을 닮기 시작한다. 작고, 하찮으며, 무게가 없고, 중요하지 않으며, 하나님을 축소시킨다.

이에 대한 시편 기자의 말에 귀 기울여 보자. "열국의 우상은 은금이요 사람의 손으로 만든 것이라 입이 있어도 말하지 못하며 눈이 있어도 보지 못하며 귀가 있어도 듣지 못하며 그들의 입에는 아무 호흡도 없나니 그것을 만든 자와 그것을 의지하는 자가 다 그것과 같으리로다"(시 135:15-18. 또한 시 115:4-8을 보라).

이것을 생각하면 전율하게 된다. 우리는 사람의 손으로 만든 것, 우리가 신뢰하는 것과 닮아 가고 있다. 보지 못하고, 듣지 못하고, 말하지 못한다. 그림자 같은 존재일 뿐이다. 우리가 창조된 목적의 메아리일 뿐이다. 역사라는 무대에서 의미 없는 무언극을 하는 것과 같다. 동작은 많지만 의미가 없다.

그저 그림자와 메아리가 되지 말라. 우리 시대에 널리 퍼져 있는, 인간을 향한 영에서 벗어나라. 주님의 빛 안에서 보고 알며 즐기고 살기로 굳게 결심하라. "야곱 족속아 오라 우리가 여호와의 빛에 행하자"(사 2:5). 우리가 그 빛 안에 있을 때, 하나님과 모든 것을 진정으로 볼 수 있다. 존재에 대한 무의식의 잠에서 깨어나라. 우리는 실체를 갈망하고 찾을 수 있다. 삶 속에서 하나님을 닮은 음악을 연주할 수 있다. 죽음은 우리를 천국으로 급파할 뿐이다. 우리가 이 땅에 남기고 가는 것은 단지 그림자나 메아리가 아니라 천국에서 이 땅을 향해 기록한 하나님 은혜의 승리에 대한 찬사다.

하나님이
기적을
행하신다

• 한결같은 순종과 전적 불순종 안에서 •

1. 한결같은 순종 가운데서 하나님이 죄인들을 구원하고 자기 이름을 영화롭게 하시기 위해 어떤 일을 하실지 모르기에, 너무 작게 꿈꾸거나 너무 작게 기도하지 말자.

하나님은 우리의 한결같은 순종 가운데서 긍휼과 구원의 역사를 일으키신다.

예를 들어, 디모데후서 2장 24-26절에서 바울은 이렇게 말한다.

> 주의 종은 마땅히 다투지 아니하고 모든 사람에 대하여 온유하며 가르치기를 잘하며 참으며 거역하는 자를 온유함으로 훈계할지니

혹 하나님이 그들에게 회개함을 주사 진리를 알게 하실까 하며 그들로 깨어 마귀의 올무에서 벗어나 하나님께 사로잡힌 바 되어 그 뜻을 따르게 하실까 함이라.

우리가 할 일은 한결같이 순종하는 것이다. 다투지 않고, 모든 사람에게 온유하며, 가르치기를 잘하고, 참으며, 악을 악으로 갚지 않고, 온유함으로 훈계해야 한다. 이렇듯 한결같은 순종 가운데 "혹 하나님이 그들에게 회개함을" 주실지 모른다. 성실하게 일상생활을 감당하면서 놀라운 역사에 대한 기대를 버리지 말자. 하나님은 우리의 일상에서 초자연적인 방법으로 사랑의 역사를 행하신다.

그러므로 우리는 이렇게 기도해야 한다. "오 주님, 우리의 신실함과는 비교도 할 수 없는 열매를 맺게 하소서."

2. 전적 불순종 가운데서 하나님이 죄인들을 구원하고 자기 이름을 영화롭게 하시기 위해 어떤 일을 하실지 모르기에, 너무 작게 꿈꾸거나 너무 작게 기도하지 말자.

하나님은 우리가 순종하며 기도하고 꿈꾸는 영역에서만 일하시는 분이 아니다.

예를 들어, 사도행전 22장 5-8절에서 바울은 인간이 꿈꾸거나 계획하지 않아도, 전적으로 불순종하는 삶에 그리스도께서 어떻게 찾아오셨는지 들려준다.

> 내가 그들에게서 다메섹 형제들에게 가는 공문을 받아 가지고 거기 있는 자들도 결박하여 예루살렘으로 끌어다가 형벌 받게 하려고 가더니 가는 중 다메섹에 가까이 갔을 때에 오정쯤 되어 홀연히 하늘로부터 큰 빛이 나를 둘러 비치매 내가 땅에 엎드러져 들으니 소리 있어 이르되 사울아 사울아 네가 왜 나를 박해하느냐 하시거늘 내가 대답하되 주님 누구시니이까 하니 이르시되 나는 네가 박해하는 나사렛 예수라 하시더라.

바울이 전적으로 불순종할 때 하나님이 찾아오셔서 그를 위대한 선교사로 변화시키셨다. 오늘날에도 하나님은 이러한 능력을 보이신다. 코랄릿지장로교회의 목사이자 전도폭발 창시자인 제임스 케네디 목사는 스캇 라슨이 편집한 『내 영혼을 바꾼 한 권의 책』(*Indelible Ink*)에 자신의 회심 이야기를 밝혔다.

> 스물세 살 무렵, 나는 영적 방랑자였다. 더 딱했던 것은, 아더 머레이 스튜디오에서 사교댄스 강사로 일하는 세속적인 생활방식에 흠뻑 젖어 있었다는 것이다. 비록 대학을 중퇴했지만, 꽤 만족스러운

직장에서 돈을 벌고 있었다. 싱글이고 인기가 많았으며 도덕적 잣대에 얽매이지도 않았다. 복음에 대해 들어 본 적이 있었는지조차 기억나지 않았다.

그러던 어느 날, 우리 집 라디오를 듣다가 불의의 습격을 당했다. 밤새 댄스파티를 즐기고 돌아온 나는 적절한 시간에 적당한 음악으로 나를 부드럽게 깨우도록 알람을 설정했다고 믿었다. 그러나 일요일 아침, 내 귀에 들린 것은 필라델피아제10장로교회의 도널드 그레이 반하우스 목사의 쩌렁쩌렁한 목소리였다. 침대에서 일어나 라디오 주파수를 돌리려고 손을 뻗던 나는 도저히 지나칠 수 없는 질문을 듣고 멈춰 섰다.

이 위대한 복음주의자는 특유의 날카롭고 우렁찬 목소리로 물었다. "만약 당신이 오늘 죽어서 하나님 앞에 선다고 생각해 보세요. 하나님이 당신에게 이렇게 물으십니다. '대체 무슨 권리로 내 천국에 들어오려는 거냐?' 당신은 뭐라고 대답하겠습니까?" 나는 완전히 말문이 막혔다. 그런 생각 따위는 해본 적이 없었다. 냉담했던 내 태도는 순식간에 공기 속으로 사라졌다.

나는 침대에 걸터앉고는 마치 못이라도 박힌 듯 그 자리에서 꼼짝하지 않았다. 그리고 이 간단한 질문에 뭐라고 대답할지 고민했다. 비록 성경에 대한 배경지식은 없었지만, 이게 내 머릿속에 들어온 가장 중요한 질문이라는 것을 느낄 수 있었다.[32]

긍휼하신 하나님은 케네디를 집 근처에 있는 잡지 가판대로 이끄셨다. 케네디는 이렇게 물었다. "혹시 종교서적 있나요?" 그때 그의 손에 들어온 것은 풀턴 아워슬러가 쓴 『세상에서 가장 위대한 이야기』(The Greatest Story Ever Told)였다. 이렇듯 하나님은 인간이 꿈꾸거나 계획하지 않아도 제임스 케네디를 구원하셨다.

그러므로 우리는 한결같이 순종하면서 이렇게 기도해야 한다. "오 하나님, 인간이 꿈꾸거나 계획하지 않아도 새로운 생명을 얻게 하시고, 주님의 이름을 영화롭게 하소서."

역사상 가장 위대한 사건

• 그리스도의 죽음에 담긴 두 가지 역설 •

세계 역사상 가장 위대한 사건은 다소 복잡하다. 예를 들어, 예수 그리스도가 사람이자 하나님이라면, 그분의 죽음은 하나님의 죽음이었는가? 이 질문에 대답하려면 우리는 먼저 그리스도의 두 본성, 즉 신성과 인성에 대해 이야기해야 한다. 서기 451년 칼케돈 공의회에서 그리스도의 두 본성에 대해 내린 정의가 성경에 대한 정통적 가르침으로 받아들여졌다.

> 우리는…다음의 사실을 고백해야 할 것을…가르치려 한다.…이 동일하신 그리스도는 하나님의 아들이요, 주님이요, 독생자요, 두 본성으로 인정되며, 혼란이 없고, 불변하며, 분리될 수 없고, 동떨

어질 수 없다. 그런데 이 두 본성은 이 연합으로 인해 결코 없어질 수 없으며, 각 본성의 속성은 한 위격(one Person)과 한 본체(One Subsistence) 안에서 보존되고 함께 역사한다. 주 예수 그리스도는 두 위격으로 나뉘거나 분리되실 수 없다. 그분은 동일하신 아들이요, 독생자요, 하나님이요, 말씀이다.

신성은 영원하다(롬 1:23, 딤전 1:17). 신성은 죽을 수 없다. 신성은 하나님께 속한 부분이다. 그러므로 그리스도께서 죽으셨을 때, 그분의 인성이 죽은 것이다. 신성과 인성의 연합에 대한 신비, 죽음의 경험에 대한 신비는 우리에게 아직 계시되지 않았다. 우리가 아는 것은 그리스도께서 죽으셨고 바로 그날 낙원으로 가셨다는 사실이다("오늘 네가 나와 함께 낙원에 있으리라," 눅 23:43). 그러므로 그리스도는 죽음 안에서도 의식이 있었던 것으로 보인다. 단지 인성 안에서 죽은 것이므로, 그리스도의 인성과 신성 사이의 지속된 연합은 중단될 필요가 없다.

그리스도의 죽음이 얼마나 복잡한가에 대한 또 다른 예는, 성부 하나님이 그 죽음을 어떻게 경험하셨는가 하는 문제다. 일반적으로 복음주의는, 그리스도의 죽음은 아버지의 저주를 그리스도께서 체험한 것이라고 가르친다. "그리스도께서 우리를 위하여 저주를 받은 바 되사 율법의 저주에서 우리를 속량하셨으니 기록된 바 나무에 달린 자마다 저주 아래에 있는 자라 하였음이라"(갈 3:13). 누구의 저주인가? "율법의 저주"라고 말하며 그것을 약화시킬 수 있다. 그러나 율법은 인격이 아니라서 누군가를 저주할 수 없다. 저주란 저주를 하는 누군가가 있어야 한다. 율법을 통해 저주하는 분은 그 율법을 쓰신 하나님이시다. 그러므로 율법을 어긴 우리를 대신하여 그리스도께서 죽으실 때 그분은 아버지의 저주를 경험하셨다.

예수님이 "나의 하나님, 나의 하나님, 어찌하여 나를 버리셨나이까"(마 27:46)라고 하신 것이 바로 이 때문이다. 그리스도께서 죽으실 때, 하나님은 자기 백성의 모든 죄를, 자신이 미워하는 모든 죄를 그에게 지우셨다(사 53:6). 죄에 대한 혐오 때문에 하나님은 죄를 담당한 아들에게서 고개를 돌리셨다. 아들이 죽음과 저주의 힘을 온전히 감당하게 내버려 두셨다. 아버지 하나님의 진노가 우리 대신 아들 예수 위에 쏟아졌기에, 우리를 향한 하나님의 진노가 사라졌다(롬 3:25).

그러나 여기에 역설이 있다. 하나님은 아들 예수가 희생제물이 되던 시간에 그 일을 마음속 깊은 곳에서 기쁘게 승인하셨다. 사실, 아들과 함께 그 모든 일을 계획한 것은 하나님이시다. 그리고 이 땅에서 신이자 인간으로 사신 예수 그리스도를 향한 하나님의 사랑은 예수님이 십자가에서 행한 순종 때문이었다. 십자가는 예수님의 순종과 사랑을 완성한 행위였다. 그리고 아버지 하나님은 이 순종과 사랑을 깊이 인정하고 즐거워하셨다. 그러므로 바울은 이 놀라운 사실에 대해 말한다. "그리스도께서 너희를 사랑하신 것같이 너희도 사랑 가운데서 행하라 그는 우리를 위하여 자신을 버리사 향기로운 제물과 희생제물로 하나님께 드리셨느니라"(엡 5:2). 예수님의 죽으심은 하나님 앞에 향기로웠다.

그리스도의 죽음에 담긴 복잡성은 영광스럽기까지 하다. 그리스도의 죽음은 하나님의 저주이자 진노인 동시에, 하나님을 기쁘시게 하는 향기로운 제물이었다. 하나님은 아들이 우리의 죄악을 담당하여 죽음에 이르도록 고개를 돌려 내버려 두시면서도, 아들의 그러한 순종과 사랑과 완성으로 인해 기뻐하셨다.

그러므로 우리는 경외감으로 일어서서 기쁨으로 전율하며 하나님의 아들이신 예수 그리스도의 죽음을 바라봐야 한다. 역사상 이보다 더 위대한 사건은 없었다. 우리가 머릿속으로 상상하고 마음속으로 존경해야 할 더 위대한 일은 없었다. 이것에 더 가까이 나아가라. 중요하고 선한 모든 것이 여기에 모여 있다. 지혜롭고 중대하며 머물기에 행복한 장소다.

놀라운 건축자의 이상한 방법

• 하나님의 지혜와 부요함과 지식이 얼마나 깊은가 •

2001년 9월 11일, 세계무역센터가 무너졌을 때, 그리스도는 그분의 교회를 세우고 계셨을까? 당신의 세계가 무너졌을 때는 어떤가? 이러한 질문이 떠오르는 이유는 마태복음 16장 18절에 나오는 예수님의 약속 뒤에 있는 절대적이고 보편적인 권위 때문이다. "내가…내 교회를 세우리니." 이 말씀을 하신 분은 누구인가? 그분이 말씀하시면 열병이 떠나가고(눅 4:39), 나무가 마르고(막 11:21), 귀신들이 순종하고(막 1:27), 사탄이 강탈당하고(막 3:27), 바람이 그치고(막 4:41), 죽은 자가 살아나고(눅 7:14, 요 11:43), 떡 다섯 개와 물고기 두 마리로 수천 명이 배불리 먹고(마 14:19-21), 물이 포도주가 되고(요 4:46), 바다 위를 걸을 수 있다(마 14:25).

하늘과 땅과 지옥을 다스리는 이 권세는, 그분의 교회를 세우시는 일에 대한 그리스도의 헌신과 분명하게 연관되어 있다. "내가…내 교회를 세우리니 음부의 권세가 이기지 못하리라"(마 16:18). "하늘과 땅의 모든 권세를 내게 주셨으니 그러므로 너희는 가서 모든 민족을 제자로 삼아"(마 28:18-19). 다른 말로 하면, 예수님은 하늘과 땅과 지옥을 다스리는 권세를 사용하여 제자 삼는 일에 헌신하신다. 온 우주 가운데 그리스도께서 행하시거나 허락하신 모든 사건은 교회를 세우려는 그분의 목적에서 벗어날 수 없다.

하지만 현실은 그렇게 보이지 않는다. 그분의 방식은 우리의 방식과 다르다. 그분은 좀처럼 A에서 B를 향해 곧장 움직이지 않으신다. 올라가는 길이라는데 대부분 내려가는 길처럼 보인다. 강이 바다를 향해 흐르는 순간조차 마치 바다에서 거슬러 오르는 것 같다. 나는 호세아의 고통스러운 삶에 대한 시에서 이러한 부분을 담으려 했다.

내 아들아, 하나님의 위대한 사랑의 강이
바다를 향해 곧장 흐른다고 생각하지 마라
그분에게는 빨리 가는 것보다 당신과 나처럼

고집 센 영혼을 구원하는 것이 중요하니
물살이 흐르는 대로 따라가라
그 물살은 사랑과 은혜와 함께 흐르니.

구속사에 드러난 하나님의 길이 워낙 놀랍고 난해한 까닭에 바울은 이런 글을 남겼다. "깊도다 하나님의 지혜와 지식의 풍성함이여, 그의 판단은 헤아리지 못할 것이며 그의 길은 찾지 못할 것이로다"(롬 11:33).

예를 들어, 원수들에게 죽임을 당하고 사흘 동안 무덤에 있었을 때도 그리스도는 의기양양하게 그분의 교회를 세우고 계셨을까? 예수님은 이렇게 대답하신다. "너희가 이 성전을 헐라 내가 사흘 동안에 일으키리라"(요 2:19). "나는 양을 위하여 목숨을 버리노라 또 이 우리에 들지 아니한 다른 양들이 내게 있어…이를 내게서 빼앗는 자가 있는 것이 아니라…나는 버릴 권세도 있고 다시 얻을 권세도 있으니"(요 10:15-16, 18). 다른 말로 하면, 실패와 비극처럼 보이는 사건들도 그리스도의 권세 아래 있었다. 그것은 "다른 양들"을 얻기 위한 일이었다. 지금껏 인류가 저지른 최악의 범죄, 즉 하나님의 아들을 살해한 죄를 통해서도 예수님은 의기양양하게 그분의 교회를 세우고 계셨다.

사도 바울이 로마 감옥에 갇혔을 때도 그리스도는 그분의 교회를 세우고 계셨을까? 바울은 이렇게 대답한다. "내가 당한 일이 도리어 복음 전파에 진전이 된 줄을 너희가 알기를 원하노라 이러므로 나의 매임이 그리스도 안에서 모든 시위대 안과 그 밖의 모든 사람에게 나타났으니 형제 중 다수가 나의 매임으로 말미암아 주 안에서 신뢰함으로 겁 없이 하나님의 말씀을 더욱 담대히 전하게 되었느니라"(빌 1:12-14). 나는 "죄인과 같이 매이는 데까지 고난을 받았으나 하나님의 말씀은 매이지 아니하니라"(딤후 2:9). 즉, 실패처럼 보이는 일도 승리를 향한 그리스도의 이상한 계획 안에 있다는 것이다.

1949년 중국에서 공산주의가 승리해 150년 기독교 선교 역사가 막을 내렸을 때도 그리스도는 중국에서 그분의 교회를 세우고 계셨을까?

> 1977년 이후 중국에서 일어난 교회의 성장은 역사상 유례를 찾아볼 수 없는 것이었다.…모택동은 뜻하지 않게 역사상 가장 위대한 복음 전도자가 되었다.…[그는] 모든 종교적 미신을 없애려고 고군분투했는데, 이 과정에서 기독교의 부흥을 위한 영적 장애물을 치운 셈이 되었다. 등소평은 모택동이 준 공포심을 없애고 경제적 자유를 가져오는 과정에서 그리스도인들에게 더 많은 자유를 주었다.…[오늘날] 예수 그리스도의 교회는 중국 공산당보다 규모가

크다.³³

그러면, 이 모든 것을 다스리시는 그리스도께서 9월 11일에도 그분의 교회를 세우고 계셨을까? 나는 그저 관념적인 질문에 답하고 있는 것이 아니다. 비행기가 날다가 수천 명의 목숨을 빼앗아 가고 여러 나라를 격변시킬 것을 그리스도께서 보고 계셨다면 어떨까? 그와 동시에 그분이 인도에서 힌두교를 믿는 1억 이상의 불가촉천민을 보고 계셨다면 어떨까? 이슬람이 연관된 이 테러로 인해 수백만 불가촉천민이 이슬람에서 기독교로 관심을 쏟게 될 것을 예수님이 예견하셨다면 어떨까? 인도의 수백만 불가촉천민의 영원한 생명에 관심이 있어서 예수님이 테러리스트들을 막는 데 힘을 쏟지 않으셨다면 어떨까? 이것도 사실이 아니라면, 아마 내 손주들은 시간이 흘러 드러난 주권적인 은혜에 대해 더 나은 이야기를 들려줄 것이다.

사람을 자랑하지 말라

• 주님만이 홀로 높임을 받으신다 •

하나님은 사람이 하나님을 자랑하는 것을 기뻐하시고, 사람을 자랑하는 것을 싫어하신다. "자랑하는 자는 주 안에서 자랑할지니라"(고후 10:17). "그러나 내게는 우리 주 예수 그리스도의 십자가 외에 결코 자랑할 것이 없으니"(갈 6:14). "그날에 눈이 높은 자가 낮아지며 교만한 자가 굴복되고 여호와께서 홀로 높임을 받으시리라 대저 만군의 여호와의 날이 모든 교만한 자와 거만한 자와 자고한 자에게 임하리니 그들이 낮아지리라"(사 2:11-12).

하나님이 사람을 자랑하는 것을 싫어하시는 데는 (적어도) 두 가지 이유가 있다. 첫째, 사람을 자랑하는 것은 사람의 관심을 기쁨의 근원에서 빗나가게 하여 그의 인생을 망쳐 버린다. 그것은 왕 되신 하나님의 자리에 거울을 놓도록 사람을 속이는 것이다. 사람은 사람을 찬양하도록 지음받지 않았다. 하나님을 찬양하도록 지음받았다. 사람이 거울에 비친 자기 모습에서 은하수 같은 영광을 발견하려 애쓸 때, 찬양의 기쁨은 악용되고 파괴된다. 하나님은 사람을 자랑하다가 인간이 해를 입는 것을 좋아하지 않으신다.

하나님이 사람을 자랑하는 것을 싫어하시는 또 다른 이유는 다음과 같다. 사람이 사람을 자랑하는 것은 하나님보다 사람이 찬양받을 만하다는 신념을 전달하게 된다. 물론 그것은 사실이 아니다. 그러나 우리는 이렇게 말하면서 요점에서 벗어나기 쉽다. "하나님은 거짓을 싫어하셔. 하나님이 사람을 자랑하는 것을 싫어하시는 이유는 그게 거짓이기 때문이야." 아니, 그렇지 않다. 하나님이 싫어하시는 것은 하나님의 명예를 손상시키는 것이다. 사람이 사람을 자랑하는 일에 담긴 진정한 문제는 그것이 하나님을 하찮은 존재로 만든다는 데 있다.

반면에, 하나님을 자랑하는 것은 두 가지 면에서 이와 정반대다. 하나님을 자랑하는 것은 하나님을 높임과 동시에 사람에게 기쁨을 준다. 절대적으로 찬양받을 만한 대상을 찬양하는 것이 바로 사람이 지음받은 목적이기 때문이다. 따라서 하나님은 두 가지 이유로, 그분이 죄인들을 구원하신 방식에 있어 자랑을 배제하셨다.

첫째, 자랑은 믿음에 의해 배제되었다. 로마서 3장 27절은 이렇게 말한다. "그러므로 자랑할 데가 어디냐 있을 수가 없느니라 무슨 법으로냐 행위로냐 아니라 오직 믿음의 법으로니라." 믿음은 왜 자랑을 배제하는가? 믿음이 하나님이 주신 은사이기 때문만은 아니다. 물론 믿음은 하나님이 주신 은사다(엡 2:8). 그러나 모든 은사가 그러한 방식으로 자랑을 배제하는 것은 아니다. 예를 들어, 사람들을 향한 사랑에 대해 생각해 보자. 사람들을 향한 사랑은 하나님의 약속을 믿는 믿음과는 완전히 다르다. 사랑은 사람들을 위해 선한 행위를 하는 것을 포함한다. 이것은 고결한 행위다. 그러나 믿음은 다르다. 믿음은 영혼이 하는 모든 행위 가운데서도 독특하다. 믿음은 가장 연약하고, 가장 무력하다. 다른 대상을 온전히 의지하는 것이다. 그것은 영혼의 다른 미덕들처럼 하나님을 의지하여 맺는 열매가 아니다. 믿음은 영혼이 맺은 열매가 아니다. 어떤 의미에서 믿음은 행동으로 나타나는 비행동이다. 즉, 전적으로 주어지는 행동이다. 믿음은 다른 누군가가 모든 것을 하도록 내어 맡기는 의지다.

다른 방법으로 설명해 보겠다. 믿음은 한 영혼이 그리스도께 도움을 구하려는 의지다. 영혼의 어떠한 뜻도 도움을 얻어 내기에 충분할 만큼 선하지 않음을 알기에 기대하지 않는 마음이다. 믿음은 영혼의 다른 모든 행위 가운데서도 독특하다. 믿음은 빈손이기 때문에 하나의 미덕이라고 할 수 없다. 믿음은 다른 누군가의 미덕에 기대를 건다. 다른 누군가의 힘에 기대를 건다. 다른 누군가의 지혜에 기대를 건다. 믿음은 전적으로 다른 대상을 향해 있으며, 다른 대상을 의지한다. 그러므로 믿음은 자신을 자랑할 수 없다. 자기 자신을 쳐다볼 수조차 없기 때문이다. 믿음은 어떤 의미에서는 '자아'가 없는 상태다. 영혼의 독특한 행위가 나타나는 순간, 그 영혼은 다른 대상에게 붙어 그 대상에게서 존재 가치를 얻는다.

둘째, 자랑은 하나님의 택하심에 의해 배제된다. 고린도전서 1장 27-29절은 이렇게 말한다. "하나님께서 세상의 미련한 것들을 택하사 지혜 있는 자들을 부끄럽게 하려 하시고 세상의 약한 것들을 택하사 강한 것들을 부끄럽게 하려 하시며 하나님께서 세상의 천한 것들과 멸시받는 것들과 없는 것들을 택하사 있는 것들을 폐하려 하시나니 이는 아무 육체도 하나님 앞에서 자랑하지 못하게 하려 하심이라."

"이는"이라는 단어에 주목하라. 이 단어는 하나님이 택하신 목적을 나타낸다. 하나님의 택하심은 자랑하지 못하게 하려는 것이었다. 하나님이 우리 안에 있는 어떤 특징을 고려해 택하셨다면, 이는 우리에게 자랑할 거리를 주었을 것이다. 하나님의 구원 계획은 인간의 행위가 아니라 하나님께 궁극적으로 달려 있다. 로마서 9장 11절은 하나님의 택하심이 이러한 진리를 분명히 드러내고 있다고 밝힌다. "그 자식들[야곱과 에서]이 아직 나지도 아니하고 무슨 선이나 악을 행하지 아니한 때에 택하심을 따라 되는 하나님의 뜻이 행위로 말미암지 않고 오직 부르시는 이로 말미암아 서게 하려 하사 [하나님이 에서가 아니라 야곱을 택하심이라]." 이 본문에서 행위의 반대말은 믿음이 아니라 "부르시는 이"다. 하나님의 택하심은 오직 하나님께 달려 있다. 그분이 믿고 구원받을 만한 사람을 결정하신다.

그러므로 우리 자신과 모든 사람의 도움에서 눈길을 돌리자. 사람과 사람이 이룬 업적을 자랑하는 일을 그만두자. "자랑하는 자는 주 안에서 자랑하라"(고전 1:31).

하나님과 깊어지려면 그분께 우리 짐을 맡겨야 한다
• 너무 큰 도전도, 너무 무거운 짐도 없다 •

우리가 하나님을 깊이 알지 못하는 이유 중 하나는, 우리를 위해 짐을 맡아 주시겠다는 하나님의 약속을 믿고 뛰어들지 않기 때문이다. 하나님을 진정한 인격적 실체로 아는 것은 연구 대상으로 아는 것과는 다르다. 그분과 함께 불을 통과했는데 타지 않는 것을 경험하는 일과 같다. 하나님이 우리 곁에서 우리를 위해 짐을 지시기 때문에 짐에 눌리지 않는 것과 같다. 그러면 그분은 어떤 짐을 지시는가?

1. 하나님은 우리의 죄를 담당하셨다.

"나의 의로운 종이 자기 지식으로 많은 사람을 의롭게 하며 또 그들의 죄악을 친히 담당하리로다"(사 53:11). "그리스도도 많은 사람의 죄를 담당하시려고 단번에 드리신 바 되셨고"(히 9:28). "친히 나무에 달려 그 몸으로 우리 죄를 담당하셨으니"(벧전 2:24).

이것을 믿고 자유롭게 하는 효력을 경험하는 것은 현재의 삶을 위해서도 중요하다. 죄책감은 더 이상 결정적인 힘을 발휘하지 못한다! 또한 이것은 우리가 죽는 순간을 위해서도 중요하다. 사망이 쏘는 것은 죄이지만, 하나님으로 말미암아 제거되었다. 또한 이것은 영원한 기쁨을 위해서도 중요하다. 그리스도는 우리 대신 죄를 담당하셔서 이생에서 경험하는 온갖 '상실'에 대한 끝없는 보상을 약속해 주셨다. 이러한 확신은 하나님을 아는 지식에서 온다.

2. 하나님은 우리의 염려를 대신 맡겠다고 약속하신다.
"너희 염려를 다 주께 맡기라 이는 그가 너희를 돌보심이라"(벧전 5:7). 여기서 "맡기다"에 해당하는 단어가 다른 본문에 사용된 경우는 누가복음 19장 35절이 유일한데, 예수님이 타실 나귀 등에 제자들이 겉옷을 걸쳐 놓는 장면이다.

하나님은 우리 등에서 어떤 근심을 거둬서 대신 맡아 주실까? 모든 종류의 근심이다. 예를 들어, 필수품에 대한 결핍(빌

4:4-7), 쓸모없음(사 55:11), 약함(고후 12:9), 결정(시 32:8), 반대자(롬 8:31), 고통(시 34:19, 롬 5:3-5), 노화(사 46:4), 죽음(롬 14:7-9), 끝까지 인내하지 못할 것(빌 1:6, 히 7:25) 등에 대한 근심이다.

조지 뮬러는 고아원을 운영하며 온갖 사건이 일어나는 정신없는 하루를 보내면서도 어떻게 평온할 수 있느냐는 질문을 받고 이렇게 대답했다. "오늘 아침에도 하나님께 60가지 문제를 올려 드렸지요." 허드슨 테일러는 자신이 맡고 있는 선교사들이 어려움에 처했다는 소식을 듣고 나서 얼마 지나지 않아 자신이 가장 좋아하는 찬양이 귀에 들렸다고 한다. "예수여, 내 영혼이 당신이 주시는 기쁨 안에서 안식하나이다."

3. 하나님은 우리의 짐을 지겠다고 약속하신다.

"네 짐을 여호와께 맡기라 그가 너를 붙드시고 의인의 요동함을 영원히 허락하지 아니하시리로다"(시 55:22). 여기서 "짐"에 해당하는 단어는 '운명'이라는 뜻도 가지고 있다. 오늘 당신이 처한 운명은 무엇인가? 어떤 섭리가 당신을 이끌어 왔는가? 결국 모든 것은 하나님의 섭리대로 이루어질 것이다. 그리고 그분이 당신을 위해 모든 상황을 책임지실 것이다. 짐을 아예 없애 버리는 것이 아니라, 당신이 하나님을 신뢰하는지 시험하시려고 그 짐을 지신다.

에이미 카마이클이 처한 "운명"은 독신으로 사는 것이었다. 그 운명을 내려놓고 다른 인생을 택할 기회가 여러 번 있었지만 그녀는 "아니"(No)라는 내적 음성을 들었다. 그녀는 이 운명을 주님께 넘겨드렸고, 주님은 그 짐을 지시고 그녀가 기쁨이 넘치고 열매가 풍성한 삶을 살게 하셨다.

4. 하나님은 우리를 위해 정의를 이루겠다고 약속하신다.

"욕을 당하시되 맞대어 욕하지 아니하시고 고난을 당하시되 위협하지 아니하시고 오직 공의로 심판하시는 이에게 부탁하시며"(벧전 2:23).

거의 모든 관계에서 당신은 불의한 대우를 받을 것이다. "예수님은 결코 우리를 공정한 싸움을 하도록 부르지 않으셨다"(조지 오티스 주니어[George Otis, Jr.]).

그렇다면 어떻게 원통한 마음을 갖지 않을 수 있을까? 하나님이 십자가에서든 지옥에서든 원한을 풀어 주시도록 이 문제를 맡겨드려야 한다. 베드로는 예수님이 불의한 일을 당하셨을 때 그것을 공의로 심판하시는 하나님께 부탁하셨다고 주장한다. "원수 갚는 것이 내게 있으니 내가 갚으리라고 주께서 말씀하시니라"(롬 12:19). 하나님께 맡기라. 언제든 불의한 대우를 받을 각오를 하라. 누군가 당신 앞으로 끼어들든, 혹은 누군가 당신 인생의 결정적인 재판에서 위증을 하든 말이다.

5. 하나님은 우리의 전 인생을 책임지겠다고 약속하신다.

"야곱의 집이여 이스라엘 집에 남은 모든 자여 내게 들을지어다 배에서 태어남으로부터 내게 안겼고 태에서 남으로부터 내게 업힌 너희여 너희가 노년에 이르기까지 내가 그리하겠고 백발이 되기까지 내가 너희를 품을 것이라 내가 지었은즉 내가 업을 것이요 내가 품고 구하여 내리라"(사 46:3-4. 또한 출 19:4, 시 18:35, 94:18을 보라).

그리스도인의 삶은 처음부터 끝까지 맡겨진 삶이다. 우리 역시 일한다. 하지만 우리 안에서 일하시는 분은 우리가 아니라 하나님이시다(고전 15:10).

결론

그러니 수고하고 무거운 짐 진 자들이여, 하나님께 나아오라. 그분 안에서 영혼의 안식을 누리라. 당신과 당신의 모든 근심을 지시겠다는 그분의 약속을 더욱 신뢰함으로 그분을 더욱 깊이 알아 가라.

흠 있는
성인들의 삶에
감사하며

• 영감을 주는 전기를 읽어야 할 이유 •

하나님은 우리가 그분의 흠 있는 종들의 사역에 희미하게 반영된 하나님의 영광을 발견하도록 계획하셨다. 우리가 그들 삶의 면면을 살펴보고 그들 믿음의 불완전성을 통해 하나님의 아름다움을 보도록 의도하셨다. "하나님의 말씀을 너희에게 일러 주고 너희를 인도하던 자들을 생각하며 그들의 행실의 결말을 주의하여 보고 그들의 믿음을 본받으라"(히 13:7).

하나님이 "사람의 마음을 지으신 분"이라는 것(시 33:15, 새번역)은 그들이 삶으로 하나님의 진리와 가치를 드러낸다는 것을 의미한다. 뵈뵈(롬 16:1)로부터 성 프란체스코에 이르기까지 하나님의 계획이 그들을 단단히 붙들고 있었다. 바울은 이교도인

바로의 삶에 대해 이렇게 말했다. "내가 이 일을 위하여 너를 세웠으니 곧 너로 말미암아 내 능력을 보이고 내 이름이 온 땅에 전파되게 하려 함이라"(롬 9:17). 다윗 왕으로부터 데이비드 브레이너드 선교사에 이르기까지 경건함과 지혜에 대한 비범하고도 불완전한 예들은 과거를 회상하는 성인들의 마음에 주권적인 은혜에 대한 예배를 불붙였다. "이 일이 장래 세대를 위하여 기록되리니 창조함을 받을 백성이 여호와를 찬양하리로다"(시 102:18).

세상의 역사는 깨진 돌들이 흩뿌려진 들판과 같으며, 읽는 것과 기억하는 것에 시간을 들이는 사람들의 마음속에 예배를 일깨우는 거룩한 제단 역할을 한다. "곧 여호와의 일들을 기억하며 주께서 옛적에 행하신 기이한 일을 기억하리이다 또 주의 모든 일을 작은 소리로 읊조리며 주의 행사를 낮은 소리로 되뇌이리이다 하나님이여 주의 도는 극히 거룩하시오니 하나님과 같이 위대하신 신이 누구오니이까"(시 77:11-13).

세상의 역사 안에서 하나님의 섭리의 목적은 하나님의 사람들로부터 예배가 흘러나오는 것이다. 은혜와 진리에 대한 수많은 이야기들은 그것을 기억하는 사람들의 믿음을 정결하게 하고 소망을 유지하게 하며 사랑으로 인도하기 위해서다. "무엇이든지 전에 기록된 바는 우리의 교훈을 위하여 기록된 것이니 우리로 하여금 인내로 또는 성경의 위로로 소망을 가지게 함이니라"(롬 15:4). 은혜의 역사로부터 소망을 공급받는 사람들은 하나님의 영광을 위해 인생을 살아갈 것이다.

흠 있는 그리스도인 영웅들의 인생이 우리에게 영감을 주는 것은 두 가지 이유에서다. 그들은 (우리와 마찬가지로) 흠이 있었으며, 또한 그들은 (우리와 달리) 위대했다. 그들의 흠은 하나님이 우리도 사용하실 수 있다는 소망을 준다. 그들의 위대함은 우리에게 평범함을 넘어 모험에 나서도록 재촉한다.

평범한 사람이 단조로운 삶의 굴레를 벗어나 비범한 일을 어떻게 할 수 있을까? 그런 일은 보통 그들이 존경하는 누군가에게서 받은 영감 때문에 일어난다.

당신은 어떤 영웅을 마음에 두고 있는가? 당신은 틀에 박힌 삶을 벗어나, 평범함이라는 덫으로부터 도망친 남성이나 여성의 생애에 대해 읽은 적이 있는가? 하나님이 위대하게 만드신 그리스도인에 대한 전기를 읽기로 결심하는 것은 어떨까? 당신이 마음먹는다면, 그렇게 할 수 있다. 하지만 마음먹지 않는다면, 그런 일은 일어나지 않을 것이다.

몇 년 전 일이다. 해마다 열리는 목회자 컨퍼런스에서 할 강의를 준비하면서 『존 G. 패튼: 뉴헤브리디스 제도로 간 선교사』(*John G. Paton: Missionary to the New Hebrides*)를 읽었다. 위대한 한 단락을 위해서라면 몇 시간 동안 붙들고 있어도 좋을 책이었다. 1856년, 패튼이 남태평양 남양 제도의 미전도 종족에게 가기로 결심했을 때 어느 그리스도인 신사가 반대했다. "자네는 식인종들에게 잡아먹히고 말 걸세!" 그러자 패튼은 이렇게 대답했다.

> 선생님은 연세가 많으니 머지않아 무덤에 내려가 벌레들에게 먹히게 될 겁니다. 제가 주 예수를 섬기고 그분께 영광을 돌리며 살다 죽는다면, 제 몸이 식인종들에게 먹히든, 벌레들에게 먹히든 다를 바 없다고 믿습니다. 최후의 날에 부활한 선생님의 몸과 제 몸은 부활하신 주님의 몸과 같을 것입니다(p. 56).

그리스도를 위해 모든 것을 내려놓는 이 같은 모습에 내 깊은 곳에서부터 열정이 들끓는다. 어느 책부터 읽어야 할지 모르겠다면, 담당 목사에게 추천해 줄 만한 그리스도인 전기가 있는지 물어보라. 또는 우리에게 도움이 되었던 전기 목록이 알고 싶다면 디자이어링 갓(Desiring God) 홈페이지를 방문하라.

지혜로운 길이라도
가장 유익한 길이
아닐 수 있다

• 계획을 세우고 결심하는 일에 순종하기 •

우리는 지혜로우나 영향력 있는 삶을 살지 못한 것에 대한 책임이 있다.

하나님 나라는 죄인들을 구원하고, 삶을 새롭게 하며, 하나님의 이름을 찬양하는 데 목적을 두고 있다. 우리 마음의 능력은 어떤 인생길을 택해야 이러한 목적을 이루는 데 가장 효과적일지 결정하기에 적합하지 않다. 우리 눈에 보이는 모든 징표가 효과적인 사역을 향한 한 방향만을 가리키는 것처럼 보일 때가 있다. 이 길이야말로 우리가 가진 은사에 적합하고 가장 시급한 필요를 채우며 이 순간 하나님이 주신 기회처럼 보인다. 현명한 사람들에게 확증을 받기도 한다. 마치 하나님이 세밀하게 조정하신 환경의 한 부분인 것처럼 보이기도 한다. 우리는 지혜를 총동원해 어떤 길이 가장 유익할 것 같다고 결론을 내린다. 그러나 때로는 그 길이 아닌 다른 길을 통해 겉으로 보기에는 대수롭지 않은 사건과 마주할 때가 있다. 우리가 미처 예상하거나 계획하지 않았던 그 사건을 사용하셔서 하나님은 자기 이름의 영광을 드러내신다. 우리가 지혜를 총동원해 선택한 길이 만든 결과를 뛰어넘게 하시는 것이다.

예를 들어, 남부의 설교가 모데카이 햄(Mordecai F. Ham)이 1934년 9월, 노스캐롤라이나 샬럿 지방에서 일어난 복음 전도 운동을 떠나야 한다고 모든 증거가 가리켰다면 어땠을까? 성경 말씀과 기도, 조언과 환경이 모두 더 넓고 더 효과적인 애틀랜타에서 사역하라고 가리켰다면 어땠을까? 이제는 세상에서 거의 잊힌 모데카이 햄이 샬럿이 아닌 애틀랜타로 갔다면, 당시 열여섯 살이었던 윌리엄 프랭클린 그레이엄(Willam Franklin Graham)이 그의 설교를 듣고 회심하는 일은 생기지 않았을 것이다. 그러나 하나님의 섭리 가운데 모데카이 햄은 샬럿으로 왔고, 빌리 그레이엄(Billy Graham)은 그리스도인이 되었다. 그의 회심은 햄의 전 사역 가운데 가장 큰 열매를 맺는 순간이었을 것이다. 누구도 그러한 일을 계획할 수 없다. 어떤 사람의 지혜로도 이런 일을 미리 내다볼 수 없다.

그렇다면 우리의 모든 계획과 전략적 사고를 어떻게 이해해야 할까? 우리 삶이 얼마나 열매 맺을지를 결정하는 것은 우리의 계획이 아니다. 우리는 어떤 길을 택해야 우리의 기대와 계획을 넘어 하나님의 영광을 위한 놀라운 일이 벌어질지 모른다. 겉으로는 무익해 보이는 길이 우리가 최선을 다해 계획한 길보다 더 효과적인 길이라는 것이 드러날 때도 있다. 주어진 믿음의 길에서 하나님이 어떤 일을 행하실지 우리는 알 수 없다.

그러면 우리는 어떤 결론을 내릴 수 있을까? 우리는 무엇이 '지혜로운' 방법일지 고민하고 계획하는 것 자체가 시간 낭비나 잘못된 방식이라고 결론 내려서는 안 된다. 어차피 우리 삶을 위한 가장 효과적인 길을 알 수 없으니 지혜를 포기한다면, 이는 지혜를 추구하라는 성경의 가르침을 부정하는 것이다.

그러나 인간의 지혜는 전능하지 않다. 지혜란, 선택한 길이 가장 유익한 길이라고 확신하는 것이 아니라, 하나님의 영광을 위해 유익한 길을 분별하도록 가능한 모든 자원을 동원해 최선을 다하는 것을 의미한다.

우리는 하나님 앞에서 지혜롭게 선택해야 할 책임이 있다. 그러한 자세는 이 순간 우리 마음이 하나님의 말씀에 순종하고 있으며 그분이 영광받으시기를 드러내기 때문이다. 이 부분에 대해서는 우리에게 책임이 있다. 그러나 순전한 동기, 얻을 수 있는 지식, 훌륭한 조언을 듣고 우리가 내린 선택이 과연 회심자를 얻고 삶을 변화시키는 가장 효과적인 선택으로 증명되느냐 하는 것에 대해서는 우리에게 책임이 없다. 이것은 하나님의 일이지 우리의 일이 아니다.

마지막 날에 우리는 하나님 아들의 영광을 위해, 그리고 하나님의 영에 의지해 지혜를 추구했는지에 대해 설명해야 한다. 그러나 우리의 계획이 빌리 그레이엄의 회심과 같은 뜻밖의 멋진 사건으로 이어졌는지에 대해서는 책임지지 않을 것이다.

이러한 깨달음은 더 지혜롭게 행동하려는 우리의 노력에 어떤 영향을 끼칠까? 적어도 우리는 결정을 내려야 하는 순간에 하나님을 높이고자 하는 내적 열정을 가져야 한다. 그리고 지금 이 순간 결정을 내리는 과정을 통해 하나님의 영광이 나타나기를 더 갈망해야 한다. 또한 우리 인생이 최종적으로 얼마나 유익했는지는 우리의 지혜가 아니라 하나님의 주권에 달려 있음을 깨닫고 깊은 평안을 가져야 한다.

하나님은 그분께 영광을 돌리기 위해 지혜로운 결정을 내리려는 우리의 최선의 노력을 사용하셔서 영향력 있는 인생을 만드는 것을 규칙으로 삼으실 것이다. 그러나 늘 그렇게 하시는 것은 아니다. 그분은 때때로 규칙을 깨고 어리석은 결정으로부터 열매를 맺게 하신다. 그분이 자기 뜻대로 행하시는 것은, 우리가 겸손해지고 교만을 두려워하도록 하기 위해서다. 우리가 실수할 때도 낙심하지 않고 소망을 갖게 하기 위해서다. 우리는 담대하게 믿음 가운데서 움직이고 행동해야 한다. 우리가 가능한 모든 자료, 가능한 모든 조언, 가능한 모든 고민과 기도를 동원하지 못한 상태에서 결정했다고 생각할 때라도 말이다.

전능하신 우리 하나님은 90퍼센트의 지혜로운 결정보다 80퍼센트의 지혜로운 결정을 취해 그리스도를 위해 더 유익한 결과를 만드실 수 있다. 그렇다고 해서 우리가 지혜를 추구하는 일에 무신경해져서는 안 된다. 우리는 지혜를 추구했는지에 대해 하나님 앞에서 설명해야 하기 때문이다. 다만 우리의 지혜가 우리의 영향력이나 유익함의 정도를 결정하지 않음을 알기에 담대할 수 있다. 그리고 하나님은 최악의 우회로를 택하실 때가 있다. 어리석은 우리가 이 상황을 받아들이는 데 훈련이 되었든 그렇지 않든 간에, 그분은 자신의 지혜롭고 때로는 이해할 수 없는 목적을 위해 그 우회로를 통해 최선의 결과를 만드신다.

우리의 약함 가운데 역사하시는 하나님

• 바울의 겸손와 그리스도의 능력 •

그리스도의 영광을 위해 당신의 약함을 알고 잘 활용하기를 권면한다. 내 인생을 그 예로 제시하고 싶다. 하지만 그 전에 먼저 내가 말하고자 하는 의미를 분명히 해야겠다.

요즈음 수많은 사람들이 자신의 강점을 찾기 위해 책을 읽고 목록을 만든다. 이는 효율성을 극대화하는 자리에 사람들을 배치하는 데 유용하다. 그러나 나는 당신의 약점을 찾고 하나님이 주신 목표를 극대화하는 데 주의와 노력을 기울이라고 말하고 싶다. 고린도후서 12장 7-10절을 보면, 그 목적이 무엇인지 알 수 있다. 바울은 육체에 가시가 있었다. 이것은 약함에 대한 하나의 예라 할 수 있다. 왜 그런가?

내 육체에 가시 곧 사탄의 사자를 주셨으니 이는 '나를 쳐서 너무 자만하지 않게 하려 하심이라' 이것이 내게서 떠나가게 하기 위하여 내가 세 번 주께 간구하였더니 나에게 이르시기를 내 은혜가 네게 족하도다 이는 '내 능력이 약한 데서 온전하여짐이라' 하신지라 그러므로 도리어 크게 기뻐함으로 나의 여러 약한 것들에 대하여 자랑하리니 이는 '그리스도의 능력이 내게 머물게 하려 함이라' 그러므로 내가 그리스도를 위하여 약한 것들과 능욕과 궁핍과 박해와 곤고를 기뻐하노니 이는 '내가 약한 그때에 강함이라.'

바울은 자신의 약함에 담긴 네 가지 목적을 언급한다.
1. "나를 쳐서 너무 자만하지 않게 하려 하심이라"(7절).
2. "[그리스도의] 능력이 약한 데서 온전하여짐이라"(9절).
3. "그리스도의 능력이 내게 머물게 하려 함이라"(9절).
4. "내가 약한 그때에 강함이라"(10절).

비록 바울의 육체에 있는 가시는 "사탄의 사자"라 불리지만, 그 목적은 사탄을 위한 것이 아니다. 사탄은 그리스도의 능력이 온전해지는 것을 결코 원하지 않는다! 하나님이 원하신다. 그래서 하나님은 자신의 계획으로 사탄의 계획을 뒤엎으신다. 달리 말하면, 그리스도인의 약함이 어디서 오든지 간에 그 약함에는 하나님이 주신 목적이 있다. 그 약함은 결코 우연이 아니다.

우리는 바울의 약함에 담긴 목적을 이렇게 요약할 수 있다. "바울의 겸손함을 지키고 그리스도의 능력을 드러내는 것." 이것이 바로 하나님이 바울에게 약함을 주시고, 그가 "너무 자만하지 않게" 하시며, 그리스도의 능력이 그에게 머물고 있음을 더 분명히 경험하게 하신 이유다.

당신의 내년 목표는 무엇인가? 더 겸손해지고 그리스도의 능력을 드러내는 것이기를 바란다. 당신의 목표가 그렇다면, 핵심 전략은 당신의 약점을 알고 잘 활용하는 것이다.

이것이 무슨 의미인가? 소극적으로는, 우리가 체질적으로 잘하지 못하는 것에 대해 (하나님과 사람에게) 불평하기를 멈추는 것이다. 그리고 적극적으로는, 우리의 약점을 통해 그리스도를 높이는 길을 찾는 것이다.

"체질적으로 잘하지 못하는 것"은, 우리가 약점을 극복하려고 최선을 다했지만 결국 해내지 못한 경우를 말한다. 하나님은 유전이나 삶의 경험을 통해 우리가 제한되고, 깨어지며, 약한 상태에 있도록 미리 정하셨다. 바울은 자신의 약점을 거두어 달라고 하나님께 간구했다(8절). 그러나 하나님은 거절하셨다. 이는 조만간 우리도 약점을 거두어 달라는 기도를 멈추고, 우리의 겸손함과 그리스도의 영광을 위한 하나님의 계획으로서 그 약점을 받아들여야 함을 의미한다.

이제 내 이야기를 들려주고자 한다. 나는 읽는 것이 느리다. 사람들은 대개 나보다 다섯 배, 아니 열 배는 빨리 읽는다. 나는 수년간 이 약점을 극복하려고 애썼다. 특별 강좌를 듣고, 책을 읽고, 기법도 연습했다. 20여 년간(열일곱 살 때부터 서른일곱 살 무렵까지) 이 약점을 한탄한 끝에, 나는 변화의 기미가 없음을 깨달았다. 이것이 바로 내가 대학에서 연구하고 가르치는 삶을 내려놓은 이유이기도 하다. 나는 학자에게 요구되는 폭넓은 독서를 할 수 없음을 깨달았다.

내가 이 약점을 알고 잘 활용한다는 것은 무엇을 의미할까? 그것은 먼저 이 약점을 내 삶을 향한 하나님의 계획으로 받아들이는 것을 의미했다. 나는 결코 빨리 읽을 수 없을 것이다. 이제는 그것에 대해 불평하는 것을 멈춰야 했다. 독서에 대한 애정을 가지고 그리스도의 영광을 위해 내가 할 수 있는 것을 해야 했다. 느리게 읽을 수밖에 없다면, 내가 할 수 있는 것은 깊게 읽는 것이다. 나는 느린 속도를 활용할 것이다. 다른 사람들에 비해 독서를 적게 할 수밖에 없겠지만, 나는 많은 것을 깨닫게 해달라고 간구할 것이다. 나의 느린 속도를 통해 많은 열매를 맺음으로써 예수님의 능력이 드러나게 해달라고 구할 것이다.

많은 책을 읽을 수 없다는 것을 깨닫고 나서, 나는 다른 어떤 책보다 위대한 책인 성경을 읽는 데 나의 제한된 시간을 쏟기로

했다. 남들보다 적은 책을 읽어야 한다면, 나는 위대한 책을 더 주의 깊게 읽겠다.

최근 몇 년을 보내고 나서, 나는 바울처럼 고백하게 되었다. "도리어 크게 기뻐함으로 나의 여러 약한 것들에 대하여 자랑하리니 이는 그리스도의 능력이 내게 머물게 하려 함이라"(9절). 그리스도는 자신의 목적을 이루는 일에 늘 신실하셨다. 그분은 이 약함 안에 자신을 드러내셨다.

하나님이 나를 박식한 학자가 되게 하지 않으셨다고 분노하면서 세월을 보냈다면, 나는 결코 이 약점을 활용할 수 없었을 것이다. 그저 세월을 헛되이 보내고 말았을 것이다.

그러니 당신의 강점을 찾는 데 너무 집중하지 말라. 당신의 약점을 알고 잘 활용하는 데 주의를 기울이라. 하나님이 당신에게 약점을 주신 것은 헛수고가 아니다. 당신의 약점을 알고, 받아들이며, 활용하라. 당신의 약함에 머무르는 그리스도의 능력을 드러내라. 당신의 약함을 낭비하지 말라.

미주

1. Michael Novak, "Awakening from Nihilism," *First Things*, no. 45(August/September, 1994), 20-21(available at www.firstthings.com/ftissues/ft9408/articles/novak.html).

2. G. K. Chesterton, *Orthodoxy*(Garden City, NY: Doubleday, 1957), 31-32. (『오소독시』이글리오)

3. Jonathan Edwards, *The Works of Jonathan Edwards*(New Haven: Yale University Press, 1997), 312.

4. Jonathan Edwards, *The End for Which God Created the World*, in John Piper, *God's Passion for His Glory*(Wheaton, Ill.: Crossway Books, 1998), 248f. (『하나님의 영광을 위한 하나님의 열심』부흥과개혁사)

5. C. S. Lewis, *Reflections on the Psalms*(New York: Harcourt, Brace and World, 1958), 93-95. (『시편 사색』홍성사)

6. John Pollock, *Wilberforce*, 211.

7. 같은 책, 143.

8. 같은 책, 116.

9. 같은 책, 105.

10. 같은 책, 210.

11. Clark Pinnock and Delwin Brown, *Theological Crossfire: An Evangelical/Liberal Dialogue*(Grand Rapids, MI: Zondervan, 1990), 226-227.

12. Dorothy Sayers, *A Matter of Eternity*, ed. Rosamond Kent Sprague(Grand Rapids, MI: Eerdmans, 1973), 86.

13. James C. Paton, *John G. Patton: Missionary to the New Hebrides, An Autobiography Edited by His Brother*(Edinburgh: The Banner of Truth Trust, 1965, orig. 1889, 1891). 나는 패튼의 이야기를 풀어쓴 적이 있는데, 이것은 DesiringGod.org에서 확인할 수 있다. 제목은 "'You Will Be Eaten by Cannibals!' Courage in the Cause of World Mission: Lessons in the Life John G. Paton"이다.

14. 같은 책, 8, 21.

15. 같은 책, 25-26.

16. from his book *The Selfish Gene*, quoted in a review by Phillip Johnson, *First Things* 97(November 1999): 70. (『이기적 유전자』을유문화사)

17. *Theology of the Old Testament*(Minneapolis, MN: Klock and Klock Christian Publishers, 1978), 122.

18. *Works*, Banner of Truth, 243.

19. 같은 책, 243.

20. 같은 책, 244.

21. 같은 책, 244.

22. 같은 책, 246.

23. 같은 책, 246.

24. 같은 책, 246.

25. *Works*, I, 26-27.

26. *Works*, I, 90.

27. *Works*, I, 126.

28. *Works*, I, 128.

29. Augustine, *Confessions*, II, 4. (『고백록』 크리스천다이제스트)

30. Eusebius, *Ecclesiastical History*, III, I.

31. Wilson H. Kimnach, Kenneth P. Minkema, and Douglas A. Sweeney, eds., *The Sermons of Jonathan Edwards: A Reader*(New Havem, CT: Yale University Press, 1999), 74-75. (『조나단 에드워즈 대표설교선집』 부흥과개혁사)

32. edited by Scott Larsen, *Indelible Ink*(WaterBrook Press, 2003), 69-70. (『내 영혼을 바꾼 한 권의 책』 위즈덤하우스)

33. Patrick Johnstone and Jason Mandryk, *Operation World: When We Pray God Works*, 21st Century Edition(Waynesboro, GA: Paternoster, 2001), 161. 두 번째 문장은 Operation World, 1993년판 164쪽에서 인용했다. (『세계기도정보』 죠이선교회)

질문·생각·묵상·하나님

초판 1쇄 | 2018년 11월 5일
초판 2쇄 | 2020년 2월 10일

지은이 | 존 파이퍼
옮긴이 | 김보람
펴낸이 | 신은철
펴낸곳 | 좋은씨앗
출판등록 제4-385호(1999. 12. 21)
주소 | (06753) 서울시 서초구 바우뫼로 156(양재동, MJ빌딩) 402호
주문전화 | (02) 2057-3041 주문팩스 | (02) 2057-3042
대표메일 | good-seed21@hanmail.net
홈페이지 | www.gsbooks.org
페이스북 | www.facebook.com/goodseedbook

ISBN 978-89-5874-308-8 03230

The Satisfied Soul

by John Piper

Originally published in English under the title:
The Satisfied Soul by John Piper
Copyright © 2017 by Desiring God Foundation
Published by Mutlnomah Books, an imprint of The Crown Publishing Group, a division of
Penguin Random House LLC, 10807 New Allegiance Drive, Suite 500, Colorado Springs,
Colorado 80921 USA.
These meditations originally appeared in John Piper's
Pierced by the Word, *Life as a Vapor*, and *A Godward Heart*.

International rights contracted through Gospel Literature International
P.O. Box 4060, Ontario, California 91761 USA.

This translation published by arrangement with Multnomah Books, an imprint of The Crown
Publishing Group, a division of Penguin Random House LLC.

Korean edition Copyright © 2018 by GoodSeed Publishing, Seoul, Republic of Korea.

이 한국어판의 저작권은 Multnomah Books와 독점 계약한 도서출판 좋은씨앗에 있습니다.
신저작권법에 의하여 한국 내에서 보호받는 저작물이므로 무단 전재와 무단 복제를 금합니다.